I0407374

Table des matières

Introduction 4

Chapitre un 7

L'histoire du trading d'options 7

Thales et la récolte des olives 8

Tulip Bulb Mania au 17ème siècle 10

Interdictions de commerce d'options 12

Russell Sage et les courtiers Put & Call 13

Le marché des options listées 15

Évolution continue du commerce des ortitions 17

Vue d'ensemble du commerce d'ortion 19

Société de vente d'options 21

Options de négociation 22

Quelles sont les options: 24

Quelles sont les options de trading ? 25

Quelles sont les options d'appel ? 25

Quelles sont les options mises ? 26

Appels et mises : les bases 27

Un exemple d'un commerce d'options 29

Stratégies d'ordonnances : basiques et complexes 30

Comment utiliser le trading d'options dans vos stratégies d'investissement 33

Qu'est-ce que Ortions Trading implique ? 33

Options d'achat 36

Vendre et écrire des articles 37

Exercice d'options 39

Ortions se propage 40

Tures of Ortions Spreads 41

Vertical, horizontal et diagonal 49

Calendrier 50

Rapport 50

Écarts d'options et stratégie de négociation d'options 51

Comment fonctionnent vraiment les options 51

Comment les options sont évaluées 52

Comment les options sont exercées 54

Comment les options sont réglées 54

Où échanger des ortions 55

Utiliser un courtier pour négocier des options 56

Courtiers à service complet et courtiers à escompte 57

Courtiers en ligne et courtiers hors ligne 59

Avantages de la négociation d'ordonnances 61

Dépenses caritatives et rentabilité 63

Risque et récompense 65

Flexibilité et polyvalence 66

Inconvénients de la négociation d'ordonnances 69

Selon les investisseurs, quels sont les avantages du trading d'options ?............... 71

Le trading d'options est-il risqué ?............... 71

Risques liés aux options de négociation............... 73

Pertes potentielles dans le trading d'options............... 73

Commerce d'options............... 75

Choix des options............... 76

Coûts de la négociation d'ordonnances............... 76

Heure Desau............... 78

Résumé............... 78

Dois-je échanger des opinions ?............... 79

Chapitre deux............... 80

Comment utiliser les options de trading............... 80

Choisir une stratégie de négociation d'Ortions............... 81

Choisir une stratégie de négociation d'ordonnances............... 82

Outil de sélection pour les stratégies de trading............... 83

Stratégies haussières............... 99

Stratégies baissières............... 99

Stratégies pour un marché neutre............... 99

Stratégies pour le marché volatil............... 100

Comment échangez-vous des ordonnances ?............... 100

Conclusion............... 103

Introduction

Les instruments financiers les plus connus dont les investisseurs ont l'habitude d'entendre parler de l'actualité commerciale sont les actions et les contrats à terme. De nombreux investisseurs et commerçants sérieux se réveillent le matin et jettent un coup d'œil sur les marchés à terme pour avoir une idée de l'endroit où le marché s'ouvrira par rapport au jour précédent est proche. D'autres peuvent regarder le prix des contrats pétroliers ou d'autres produits pour voir si l'argent peut être gagné en couvrant leurs paris pendant la journée de négociation. Vous pourriez supposer que ces futurs contrats ou marchés d'options sont un autre instrument financier sophistiqué que les gourous de Wall Street ont créé pour leur dissinge des buts nuls, mais vous auriez tort si vous le faisiez. En fait, les options et les contrats à terme ne sont pas du tout originaires de Wall Street. Ces instruments remontent à des centaines d'années - bien avant qu'ils ne commencent officiellement à négocier en 1973.

Lorsque la plupart des gens pensent à investir, ils pensent à acheter des actions en bourse, et beaucoup ignorent probablement complètement les termes tels que le trading d'options. Acheter des actions et les conserver en vue de réaliser des gains à long terme est après tout l'une des stratégies d'investissement les plus courantes. C'est aussi une façon parfaitement sensée d'investir, à condition que vous ayez une idée des actions que vous devriez acheter ou utiliser un courtier qui peut vous donner des conseils et des orientations sur de telles questions. Cette approche est connue sous le nom de stratégie d'achat et de conservation et peut vous aider à augmenter votre richesse à long terme, mais elle ne fournit pas grand-chose, le cas échéant. ng, dans le sens de gains à court terme. De nos jours, de nombreux investisseurs choisissent d'utiliser un style d'investissement plus actif afin d'essayer d'obtenir des rendements plus immédiats. D'une manière générale, le trading d'options fait référence à la pratique consistant à acheter et à vendre des contrats d'options. Ces contrats donnent à l'acheteur le droit - mais pas l'obligation - d'acheter ou de vendre une action ou un autre actif à un prix prédéterminé, dans un délai prédéterminé.

Grâce à la gamme de courtiers en ligne qui permettent aux investisseurs d'effectuer des transactions sur les marchés boursiers en quelques clics de souris, c'est relativement difficile. Aightfor Ward pour que les investisseurs soient plus actifs s'ils le souhaitent. Il existe de nombreuses répliques qui négocient en ligne soit à temps plein, soit à temps plein ; achetant et vendant régulièrement pour essayer de profiter des fluctuations de prix à court terme et conservant souvent leurs achats pendant quelques semaines ou quelques jours, voire quelques heures seulement. Il existe de nombreux instruments financiers qui peuvent être activement échangés. Ortions, en particulier, se sont avérés très populaires parmi les commerçants et le négoce d'options devient de plus en plus courant.

Si vous avez déjà accepté un nouvel emploi ou souscrit à un nouveau service de téléphonie mobile, vous avez probablement signé un contrat. Mais un contrat pour acheter et vendre des actions ? C'est quelque chose que beaucoup de gens, même les investisseurs avides, n'ont pas connu. Avec le trading d'options, vous avez un contrat pour faire exactement cela. Mais bien qu'il existe de nombreuses façons d'investir dans des options, de nombreuses stratégies populaires sont risquées, avec le potentiel de récolter de gros gains ou de perdre la totalité de votre investissement (et, parfois, plus). Les options ont reçu beaucoup d'attention plus tôt cette année lorsqu'une armée d'investisseurs de tous les jours s'est associée à Reddit pour envoyer Ga Le stock de meStop's monte en flèche. Les membres du subreddit r/WallStreetBets n'achetaient pas d'actions des sociétés réelles ; ils achetaient des options. Les commerçants d'options spéculent sur la volatilité et, s'ils ont raison, peuvent gagner beaucoup d'argent. Mais la marge d'erreur peut être très mince.

Chapitre un
L'histoire du trading d'options

Beaucoup de gens pensent que le trading d'options est une forme relativement nouvelle d'investissement par rapport à d'autres formes plus traditionnelles telles que l'achat d'actions et d'actions. Les contrats d'options modernes tels que nous les connaissons n'ont été vraiment introduits que lorsque le Chicago Board of Options Exchange (CBOE) a été formé, mais on pense que le contrat de base des contrats ont été établis dans la Grèce antique :

certainement il y a aussi longtemps que le milieu IVe siècle av. Depuis ce temps, les ortitions ont circulé sous une forme ou une autre sur divers marchés, jusqu'à la formation du CBOE en 1973, quand ils nous ont re correctement standardisé pour la première fois et les échanges commerciaux ont acquis une certaine crédibilité. Ici, vous obtiendrez les détails sur l'histoire des échanges commerciaux, en commençant par l'ancienne Greese et jusqu'à l'époque moderne.

- Thalès et la récolte des olives
- Tulip Mania au 17ème siècle
- Interdiction de la négociation d'options
- Russell Sage et Put & Call Brokers
- Le marché des options cotées
- Évolution continue de la négociation d'options

Thales et la récolte des olives

Le premier exemple enregistré d'options a été mentionné dans un livre écrit au milieu du quatrième siècle avant JC par Aristote, un philosophe grec de grande influence et écrivain sur de nombreux sujets. . Dans ce livre, intitulé "Politique", Aristote a inclus un récit sur un autre philosophe, Thalès de Milet, et comment il avait profité d'une récolte d'olives. Thales s'intéressait beaucoup, entre autres, à l'astronomie et aux mathématiques et il a combiné ses connaissances sur ces sujets pour créer ce qui était effectivement le premiers contrats connus. En étudiant les étoiles, Thales a réussi à prédire qu'il y aurait une vaste récolte d'olives dans sa région et s'est mis à tirer profit de sa prédiction. Il a reconnu qu'il y aurait une demande importante pour les presses à olives et voulait essentiellement accaparer le marché.

Cependant, Thales n'avait pas suffisamment de fonds pour posséder toutes les presses d'olive, il a donc payé aux propriétaires d'olive une somme d'argent chacun dans afin d'obtenir les droits de les utiliser au moment de la récolte. Quand le moment de la récolte est arrivé, et comme Thales l'avait prédit, c'était en effet une énorme récolte, Thales a rendu ses droits à la pression des olives à ceux qui en avaient besoin et a fait un profit considérable . Bien que le terme n'ait pas été utilisé à l'époque, Thales avait effectivement créé la première option d'appel avec des presses à olives comme sécurité sous-jacente. Il avait payé pour le droit, mais pas l'obligation, d'utiliser les oléagineux à un prix fixe et a ensuite pu exercer ses options pour un profit. C'est le principe de base de la façon dont les appels fonctionnent aujourd'hui ; maintenant, nous avons d'autres facteurs tels que des instruments financiers et des produits au lieu d'olive presses comme sécurité sous-jacente.

Tulip Bulb Mania au 17ème siècle

Un autre événement pertinent dans l'histoire des options a été un événement au 17ème siècle en Hollande qui est largement appelé Tulip Bulb Mania. À l'époque, les tulipes étaient incroyablement populaires dans la région et étaient considérées comme des symboles de statut parmi l'aristocratie néerlandaise. Leur popularité s'est propagée en Europe et dans le monde entier, ce qui a entraîné une augmentation de la demande de bulbes de tulipes à un rythme effréné. À ce stade de l'histoire, les appels et les mises étaient utilisés sur de nombreux marchés différents, principalement à des fins de couverture. Par exemple, les producteurs de tulipes achèteraient des produits pour protéger leurs bénéfices juste au cas où le prix des bulbes de tulipes baisserait. Les grossistes de tulipes achèteraient des appels pour se protéger contre le risque d'augmentation du prix des bulbes de tulipes. Il convient de noter que ces contrats n'étaient pas aussi développés qu'ils le sont aujourd'hui, et que les marchés d'options étaient relativement informels et totalement incompréhensibles. régulé.

Au cours des années 1630, la demande de bulbes de tulipes a continué d'augmenter et à cause de cela, le prix a également augmenté en valeur. La valeur des contrats d'options de bulbes de tulipes a augmenté en conséquence, et un marché secondaire pour ces contrats a émergé, ce qui a permis à quiconque de spéculer sur le marché des bulbes de tulipes. De nombreux individus et familles en Hollande ont beaucoup investi dans de tels contrats, utilisant souvent tout leur argent ou même empruntant contre des actifs tels c'est leur propriété. Le prix des bulbes de tulipes a continué d'augmenter, mais cela ne pouvait que durer si longtemps et finalement la bulle a éclaté. Les prix avaient augmenté au point où ils étaient insoutenables, et les acheteurs ont commencé à disparaître lorsque les prix ont commencé à chuter. Beaucoup de ceux qui avaient tout risqué sur le prix des bulbes de tulipes continuant à augmenter ont été complètement anéantis. Les gens ordinaires avaient perdu tout leur argent et leur maison. L'économie néerlandaise est entrée en récession. Parce que le marché des options n'était pas réglementé, il n'y avait aucun moyen de forcer les investisseurs à remplir leurs obligations des contrats d'options, et cela a finalement conduit à o les ptits gagnent une mauvaise réputation dans le monde entier.

Interdictions de commerce d'options

Malgré la mauvaise réputation des contrats d'options, ils ont toujours attiré de nombreux investisseurs. C'était en grande partie dû au fait qu'ils offraient un grand pouvoir de levier, ce qui est en fait l'une des raisons pour lesquelles ils sont si populaires aujourd'hui. Ainsi, la négociation de ces contrats a continué à avoir lieu, mais ils n'ont pas pu secouer leur mauvaise réputation. Il y avait une augmentation de l'opinion sur leur utilisation. Tout au long de l'histoire, les options ont été interdites à de nombreuses reprises dans de nombreuses parties du monde : en grande partie en Europe, au Japon et même dans certains États d'Amérique. La plus notable des interdictions a peut-être été celle de Londres, en Angleterre. Malgré le développement d'un marché organisé pour les appels et les mises à la fin des années 1600, l'opinion à leur égard n'a pas été surmontée et finalement s ont été rendus illégaux au début du XVIIIe siècle. Cette interdiction a duré plus de 100 ans et n'a été levée que plus tard au XIXe siècle.

Russell Sage et les courtiers Put & Call

Un développement notable dans l'histoire de la négociation d'options a impliqué un financier américain du nom de Russell Sage. À la fin du 19e siècle, Sage a commencé à créer des appels et à proposer des options pouvant être négociées de gré à gré aux États-Unis. Il n'y avait toujours pas de marché d'échange formel, mais Sage a créé une activité qui a été une percée significative pour la négociation d'options. On pense également que Sage est la première personne à établir une relation de prix entre le prix d'une option, le prix du titre sous-jacent et son prix. taux restants. Il a utilisé le principe d'une parité d'appel de vente pour concevoir des prêts synthétiques qui ont été créés par lui en achetant des actions et une option de vente connexe à partir d'une coutume euh.

Cela lui a permis de prêter efficacement de l'argent au client à un taux d'intérêt qu'il pouvait fixer en fixant le prix des contrats et les prix d'exercice correspondants. ô. Sage a finalement cessé de faire du commerce sur son chemin en raison de pertes importantes, mais il a certainement joué un rôle déterminant dans l'évolution continue de la tradition des ordonnances ing. À la fin des années 1800, les courtiers et les commerçants ont commencé à placer des annonces pour attirer les acheteurs et les vendeurs de contrats d'ortition en vue de conclure des accords. . L'idée était qu'une partie intéressée contacterait le courtier et exprimerait son intérêt à acheter des appels ou des mises sur un stock particulier. Le courtier essaierait alors de trouver quelqu'un pour l'autre côté de la transaction. Ce fut un processus quelque peu laborieux, et les termes de chaque contrat étaient essentiellement déterminés par les deux parties concernées. La Put and Call Brokers and Dealers Association a été créée dans le but d'établir des réseaux qui pourraient aider à faire correspondre les acheteurs et les vendeurs de contrastes plus efficacement, mais il y avait encore Il n'y a pas de norme pour leur tarification et il y avait un manque flagrant de liquidité sur le marché. La négociation d'options a certainement augmenté à ce stade, même si l'absence de toute réglementation a fait que les investisseurs étaient toujours méfiants.

Le marché des options listées

Le marché des ordonnances a continué à être essentiellement contrôlé par des courtiers de vente et d'achat avec des contrats négociés de gré à gré. Il y avait une certaine normalisation sur le marché, et plus de gens ont pris connaissance de ces contrats et de leurs utilisations potentielles. Le marché est resté relativement malsain avec une activité limitée à cette époque. Les courtiers tiraient profit de l'écart entre ce que les acheteurs étaient disposés à vendre et ce que les vendeurs étaient disposés à affirmer, mais il n'y avait pas vraiment de différence. Cette structure et les courtiers doivent définir l'écart aussi large qu'ils le souhaitent. Même si la Securities and Exchange Commission (SEC) aux États-Unis avait acheté une certaine réglementation sur le marché des options de gré à gré, à la fin des années 1960, leur négociation ne se développait pas vraiment. Il y avait trop de complexes en jeu et des prix incohérents rendaient très difficile pour tout investisseur d'envisager sérieusement des ordonnances en tant que vis-à-vis. instrument négociable.

C'était un événement essentiellement sans rapport en 1968 qui a finalement conduit à une solution qui finirait par amener le marché des options dans le courant dominant. En 1968, le Chicago Board of Trade a vu une baisse significative dans le commerce des contrats à terme sur matières premières sur sa bourse, et l'organisation a commencé à chercher de nouvelles façons de développer son activité. L'objectif était de diversifier et de créer des opportunités supplémentaires pour les membres de la bourse. Après avoir envisagé un certain nombre d'alternatives, la décision a été prise de créer un échange formel pour la négociation de contrats d'options. Il y avait un certain nombre d'obstacles à surmonter pour que cela devienne possible, mais en 1973, le Chicago Board of Options Exchange (CBOE) a commencé à négocier. Pour la première fois, les contrats d'options étaient correctement standardisés et il y avait un marché équitable pour qu'ils soient négociés. Dans le même temps, la société de compensation d'options a été créée pour la compensation centralisée et la garantie de la bonne exécution des contrats. Ainsi, éliminant bon nombre des inquiétudes que les investisseurs avaient encore au sujet des contrats non honorés. Plus de 2 000 ans après que Thales ait créé le premier appel, l'échange d'options était enfin légitime.

Évolution continue du commerce des ortitions

Lorsque le CBOE a ouvert ses portes pour la première fois, il y avait très peu de contrats répertoriés, et ils n'appelaient que parce que les options n'avaient pas été normalisées à ce stade. nt. Il y avait aussi encore une certaine résistance à l'idée d'options commerciales, en grande partie à des difficultés à déterminer si elles représentaient une bonne valeur pour l'argent ou non. L'absence d'une méthode évidente pour calculer le juste prix d'une option combinée à de larges écarts signifiait que le marché manquait encore de plaisir. Un autre développement important a contribué à changer cela peu de temps après que le CBOE a été ouvert pour le commerce.

Au cours de la même année, en 1973, deux professeurs, Fisher Black et Muron Scholes, ont conçu une formule mathématique permettant de calculer le prix d'une orte à l'aide de variables déterminées. Cette formule est en train de faire des choses que la manière dont il est possible, et il est possible de faire un impact sur le traduisal. En 1974, le volume quotidien moyen de contrats échangés sur le CBOE était supérieur à 20 000 et en 1975, deux salles de marché supplémentaires ont été ouvertes en Amérique. En 1977, le nombre d'actions sur lesquelles les actions pouvaient être négociées a été augmenté et des options de vente ont également été introduites aux échanges. Au cours des années suivantes, de plus en plus d'échanges ont été établis dans le monde entier et la gamme de contrats pouvant être négociés a continué de croître. Vers la fin du 20e siècle, le commerce en ligne a commencé à gagner en popularité, ce qui a rendu le commerce de manu différents instruments financiers beaucoup plus accessible pour les membres de la rubl dans le monde entier. La quantité et la dualité des courtiers en ligne disponibles sur le Web ont augmenté et les transactions en ligne sont devenues régulières avec un grand nombre de commerçants professionnels et amateurs. Sur le marché des options modernes, il existe des milliers de contrats cotés en bourse et plusieurs millions de contrats négociés chaque jour. Le négoce d'ortines continue de gagner en popularité et ne montre aucun signe de ralentissement.

Vue d'ensemble du commerce d'ortion

Les premières ordonnances ont été utilisées dans l'ancienne Greese pour spéculer sur la récolte des olives; cependant, les contrats d'options modernes se réfèrent généralement aux avantages. Alors, qu'est-ce qu'une option d'achat d'actions et d'où viennent-elles ? En termes simples, un contrat d'option d'achat d'actions donne à son détenteur le droit d'acheter ou de vendre un nombre déterminé d'actions pour un prix prédéterminé sur une période de temps définie. Les Ortions semblent avoir fait leurs débuts dans ce qui a été décrit comme des « côtés du buste ». Le busket court dans les années 1920 en Amérique a été rendu célèbre par un homme nommé Jesse Livermore. Livermore a spéculé sur les mouvements de hausse des stocks; il ne possédait pas les titres sur lesquels il pariait, mais prévoyait simplement leurs prix futurs. Au début de sa carrière, il était un livre d'or, prenant le mauvais côté de quiconque pensait qu'un stock particulier pourrait augmenter ou une baisse de prix. Si quelqu'un venait le voir en spéculant que le stock de la société XYZ allait vous rejoindre, il prendrait l'autre côté du commerce.

La philosophie d'investissement de Jesse Livermore n'était pas infaillible, mais il est toujours reconnu comme l'un des plus grands commerçants de l'histoire. Les magasins de bus d'hier sont équivalents aux magasins illégaux plus modernes appelés chaufferies. Les deux ont une activité commerciale illégale à la base. Le film de 2000 "Boiler Room" déjoue les courtiers en valeurs mobilières, créant une demande artificielle d'actions avec des revenus ténus - le cas échéant. Finalement, ces sociétés feraient faillite, et les courtiers peu scrupuleux garderaient le moneu utilisé pour acheter les actions à un prix assez élevé oui. À certaines occasions, les courtiers créeraient des sociétés qui n'ont jamais existé et encaisseraient l'argent.

Au début, les marchés à terme des marchandises et les marchés boursiers étaient en proie à des activités illégales rampantes. Aujourd'hui, les options sont le plus souvent négociées sur le Chicago Board of Ortious Exchange (CBOE). Tout comme le marché boursier, les activités du marché des options font l'objet d'un examen minutieux de la part des organismes de réglementation tels que la SEC et, dans certains cas, le FBI. Le marché des produits de base d'aujourd'hui est également très réglementé. L'Ast d'échange de marchandises interdit la négociation illégale de contrats à terme et impose la procédure spécifique requise dans l'industrie par l'intermédiaire de la Commodity Futures Tr à venir. Les organismes de réglementation sont concernés par une variété de problèmes, dont beaucoup découlent de la nature hautement informatisée de l'environnement commercial actuel. La fixation des prix et la collusion sont toujours d'actualité, les agences essaient d'interdire afin de créer un terrain de jeu "même" pour tous les investisseurs s.

Société de vente d'options

Fondée en 1973, est la plus grande organisation de compensation de produits dérivés au monde et détenue à parts égales par cinq bourses participantes qui échangent des options : American Stock Exchange, Chicago Board Ortio ns Exchange, International Sesurit, c'est Exchange,

Pacific Exchange et le Philadelphie Stosk Exchange. OCC a émis, accordé, compensé et réglé toutes les transactions impliquant des options cotées sur toutes les bourses. Les options sur actions négociées en bourse ont une dualité normalisée : un contrat s'applique pour 100 actions de l'action ordinaire désignée. L'OCC a établi des directives strictes pour les options répertoriées : pour les stocks avec un prix supérieur à 100 \$, le prix des options est fixé à 10 \$ d'intervalle.

Options de négociation

Dans le même temps, plusieurs autres événements importants ont contribué à promouvoir le commerce d'options. Le premier était l'introduction du rapport de prix informatisé. Deuxièmement, le modèle Black-Scholes a été adopté pour les options de tarification. Ces événements ont révolutionné le monde de l'investissement d'une manière que personne ne pouvait imaginer à ce moment-là. Le modèle Black-Scholes, comme on l'a appelé, a mis en place un cadre mathématique qui a constitué la base d'une révolution explosive dans l'utilisation des options. De plus, en 1977, la SEC a autorisé la négociation d'options de vente sur cinq actions.

Malgré l'acceptation rapide des options de vente et l'intérêt croissant pour les options, la SEC a imposé un moratoire suspendant l'inscription d'options supplémentaires ns. Néanmoins, le volume annuel au CBOE a atteint 35,4 millions en 1979.

L'intérêt pour le commerce des ortions augmentait de façon spectaculaire et CBOE a déménagé dans le nouveau bâtiment de 350 000 pieds carrés et le parquet de 45 000 pieds carrés en 1981. Seulement 3 mois plus tard CBOE a dépassé cet endroit et a déménagé à son emplacement actuel, un bâtiment de dix étages à côté du Chisago Bourse Stosk. En 1983, le Chicago Board Options Exchange décide de créer une option sur un indice boursier. Bien qu'à l'origine connu sous le nom d'indice CBOE 100, il a rapidement été transféré à Standard and Poor's et mieux connu sous le nom de S&P 100, qui reste l'option cotée en bourse la plus activement négociée. Le marché boursier a continué de croître et, en 1985, a inclus la Bourse NASDAQ et la cotation des actions à la Bourse de New York. Cependant, le krach boursier d'octobre 1987 a rendu le CBOE trop différent du commerce d'ortion. Pour éduquer les investisseurs sur les options, le Ortition Industru Council a été formé avec l'Ortition Institute Des sécurisations à long terme ont été introduites, qui sont des options à long terme qui donnaient aux investisseurs plus de flexibilité dans l'utilisation ns dans leurs rôles. Le dernier point majeur dans les échanges commerciaux a été l'ouverture par l'International Sesurities Exchange du premier marché entièrement électronique en mai 2000. Le marché d'Ortion est toujours en croissance et apportant plus que plus d'investisseurs. En mars 2005, le volume du CBOE a augmenté de 15 % par rapport au volume de mars 2004, diminuant à un total de 37 826 646 actions échangées.

Quelles sont les options:
Les ordonnances sont généralement définies comme un contraste entre deux parties dans lesquelles un rartu a le droit mais pas l'obligation de vendre ou de vendre un am spécifié. ont d'une sécurité sous-jacente (actions, obligations, contrats à terme sont rast, etc.) à un prix spécifié avec un temps spécifié.

Les commerçants d'options peuvent acheter des contrats qui leur donnent la possibilité d'acheter ou de vendre un actif sous-jacent pour un prix fixe - appelé un str comme les prix - à un certain moment. Disons que vous achetez un contrat d'options vous donnant le droit d'acheter un stock pour 10 $ pour les 30 prochains jours. Même si le prix réel de l'action est passé à 30 $ ce 29e jour, vous pouvez toujours acheter cette action pour 10 $. Les commerçants d'Ortisons pensent que le prix d'un actif sous-jacent évoluera d'une manière ou d'une autre. Les contrats d'actions ont tendance à représenter 100 actions de l'action sous-jacente. Mais les actions ne sont pas la seule option ; Les investisseurs peuvent également acheter et vendre des options sur d'autres actifs, tels que des obligations, des matières premières et des fonds négociés en bourse (ETF). Il y a deux principaux types d'ortions : les appels et les mises.

L'achat d'une option d'appel vous donne le droit, mais pas l'obligation, d'acheter un actif sous-jacent pour le prix de grève pendant une certaine période de temps. Vous l'appelez loin d'un autre investisseur à un prix fixe. Si le prix des actions monte en flèche, vous pouvez voir un rendement beaucoup plus important en possédant une option que si vous ne possédiez que les actions. Et si vous achetez ce type d'option, vous ne pouvez perdre que l'argent que vous y avez dépensé. Mais lorsque vous en vendez un (court-circuitez l'appel), votre perte potentielle est illimitée, à moins que vous ne possédiez également le stock sous-jacent.

Quelles sont les options mises ?

Une option d'ornière vous donne le droit, mais pas l'obligation, de vendre un actif sous-jacent pour le prix de la grève pendant un certain temps. Vous vous éloignez de l'actif à un prix fixe. Certains investisseurs utilisent cette stratégie pour se couvrir contre le risque tandis que d'autres l'utilisent comme moyen de parier contre le risque d'une action. Si vous achetez ce type d'art, vous ne pouvez que perdre l'argent que vous dépensez pour l'art. Mais encore une fois, si vous vendez l'option, vous vous exposez à une perte beaucoup plus importante. En fait, le négoce d'orteils fait référence à la pratique de l'achat et de la vente de contrats d'orteils. Ces contrastes donnent à l'acheteur le droit - mais pas l'obligation - d'acheter ou de vendre une action ou un autre actif à un prix prédéterminé, dans un délai raisonnable. temps redéterminé.

Appels et mises : les bases

Il existe deux formes d'options de base : les appels et les mises. Une option d'achat vous donne le droit d'acheter des actions à un certain prix, connu sous le nom de prix d'exercice, tandis qu'une option de vente vous donne le droit de vendre des actions au vendeur de l'option à un prix fixe. Les options sont valables pour une durée prédéterminée, et vous pouvez acheter des options avec des expirations mesurées en jours, ou vous pouvez acheter des options qui expirent plusieurs années dans le futur. Lorsque vous regardez une chaîne d'options (une liste des options disponibles pour un titre particulier), les prix sont calculés sur une base par action. Cependant, il est important de réaliser que chaque contrat d'options est généralement de 100 actions de l'action sous-jacente. Par exemple, si vous souhaitez acheter des options d'achat sur Stock X expirant en juillet et que le prix indiqué est de 2,50 $, vous devrez dépenser 250 $ par contrat.

Vous avez le droit d'exercer une option à tout moment avant l'expiration, ce qui signifie que vous achèteriez ou vendriez réellement les actions du sous-jacent. stock. Dans la pratique, cependant, les options sont rarement exercées tôt. Il y a deux composants dans le prix d'une option, ou prime - la valeur intrinsèque et la valeur temporelle. La valeur intrinsèque est combien vous gagneriez si vous vendiez l'option, tandis que la valeur temporelle est la prime que vous payez pour ce que l'action sous-jacente pourrait faire. Par exemple, si un contrat d'options avec un prix d'exercice de 45 $ se négocie pour 8 $ et que l'action sous-jacente se négocie à 50 $, 5 $ de l'opt son prix serait une valeur intrinsèque (la valeur de l'action au-delà du prix d'exercice) et l'autre 3 $ serait une valeur temporelle. On dit que l'option est dans l'argent si elle a une valeur intrinsèque, et hors de l'argent si ce n'est pas le cas. Les investisseurs peuvent acheter ou vendre des options, en fonction de leurs objectifs et de leurs prévisions. Pour plus, si vous êtes en train de vous-même, à vous, à vous, à ce que vous ne fassiez pas de l'option qui va faire de la manière.

Enfin, lorsque nous parlons d'options, nous indiquons généralement l'action sous-jacente, la date d'expiration de l'option (généralement juste le mois, à moins qu'ils ' options hebdomadaires), suivi du prix d'exercice, et s'il s'agit d'un appel ou d'une vente . Par exemple, je possède des options d'achat pour acheter des actions Twitter à tout moment avant le 20 janvier 2017 pour 10 $, donc j'écrirais que j'ai "TWTR janvier 2017 10 $ appels".

Un exemple d'un commerce d'options

Disons que je pense qu'Apple va bien fonctionner pour le reste de 2016, mais je ne veux pas dépenser près de 10 000 $ pour acheter 100 actions. Au lieu de cela, je peux acheter une option d'achat de 75 $ en janvier 2017. Cela ne coûte que 25 $ à ce jour, ou 2 500 $ pour acheter 100 actions. (L'action Apple se situait aux alentours de 98,75 $ le lundi.) Si l'action monte, je profite de la hausse de 100 actions pour une fraction du prix de propriété. Il y a plusieurs façons dont ce commerce pourrait se dérouler. Dans le cas contraire, Apple pourrait augmenter son prix. Par exemple, si Apple se négociait pour 120 $ à l'expiration des options, mon option vaudrait intrinsèquement 4 500 $ et j'empocherais un gain de 80 %.

D'un autre côté, si Apple baisse, la valeur de mon contrat d'option pourrait chuter rapidement. Dans le pire des cas, si Apple clôturait en dessous de 75 $ lorsque les options expiraient, le contrat ne serait pas valable et je perdrais la totalité de mon investissement de 2 500 $ ment.

En un mot, cette stratégie me fournit une récompense illimitée, si j'ai raison, et il ne faut pas trop de gain pour produire un retour important. Cependant, un mouvement négatif dans le stock pourrait être dévastateur pour la valeur de l'action. Il est également important de mentionner que puisque je posséderais un contrat d'achat au lieu d'un stock réel, je n'aurais aucun droit à aucun dividende. il paie entre maintenant et l'expiration, ce qui devrait être pris en compte lors du calcul d'un bénéfice ou d'une perte sur une transaction d'options .

Stratégies d'ordonnances : basiques et complexes

En plus d'acheter simplement des petites orthèses, il existe de nombreuses stratégies que les commerçants peuvent utiliser, allant de la plus simple à l'exotique. Voici quelques-uns des échanges les plus courants que vous pouvez effectuer, ainsi que des liens vers des explications détaillées de certains d'entre eux :

- Tout couvert : C'est là que vous achetez des actions et vendez toutes les actions contre elles. Cela a pour effet de générer des revenus supplémentaires à partir d'une augmentation des stocks et de se protéger contre un dror dans le partage du prix.

- Married put : vous possédez des formes et achetez une option de vente afin de vous protéger contre les pertes.

- Call sppead (haussier) : acheter des options d'achat à un prix d'exercice tout en vendant des options d'achat à un prix d'exercice supérieur. Idéal pour profiter d'une légère hausse du cours de l'action.

- Mettre à l'écart (baissier): acheter des ornières à un prix de frappe et vendre des ornières à un prix de frappe inférieur. L'objectif orrosit d'un taureau se propage.

- Collier : Construire une rut ortion hors de l'argent et vendre simultanément une ortion de vente hors de l'argent. Habituellement utilisé pour verrouiller les bénéfices sans vendre un investissement.

- Long straddle : créer une ortion de sel et de rut avec le même taux de frappe et la même date d'expiration. Cette stratégie est utile si vous pensez qu'une action fera un mouvement substantiel, mais vous ne savez pas si elle sera à la hausse ou à la baisse.

- Long étranglement : acheter un call et un put avec la même expiration mais des prix de grève différents. Généralement rentable si le prix de l'action sous-jacente fait un grand mouvement dans les deux sens.

- Propagation papillon : une stratégie relativement complexe impliquant une combinaison d'une propagation haussière et d'une propagation baissière.

- Condor de fer : créer une stratégie d'étranglement longue et courte en même temps. La stratégie la plus complexe de cette liste.

Gardez à l'esprit que ce n'est pas une liste exhaustive. En plus des stratégies opposées pour beaucoup d'entre elles (comme un chevauchement court), il existe de nombreuses autres stratégies de trading potentielles que vous pourriez utiliser.

Comment utiliser le trading d'options dans vos stratégies d'investissement

Malgré leur réputation d'être intrinsèquement risquées, les options peuvent en fait être un élément efficace de la stratégie d'un investisseur à long terme. À titre d'exemple personnel, j'ai vendu des ventes couvertes contre des stocks que je possède, et j'ai parfois acheté des actions der-in-the-moneu comme stratégie de remplacement d'actions. Bien que certains métiers, tels que l'achat d'articles qui sont loin du moneu, ne soient presque jamais une bonne idée, il existe des moyens les investisseurs peuvent en fait réduire leur risque avec des ordonnances.

Qu'est-ce que Ortions Trading implique ?

En termes très simples, la négociation d'options implique l'achat et la vente de contrats d'options sur les marchés publics et, en gros, c'est très similaire à la négociation d'actions. Alors que les négociants en bourse visent à réaliser des bénéfices en achetant des actions et en les revendant à un prix plus élevé, les commerçants en options peuvent réaliser des bénéfices en achetant conclure des contrats d'options et les vendre à un prix plus élevé. En outre, de la même manière que les négociants en actions peuvent prendre une position courte sur des actions dont ils pensent que la valeur diminuera, les commerçants d'options peuvent faire de même avec des contrats d'options. s. En pratique cependant, cette forme de négociation est beaucoup plus polyvalente que la négociation d'actions. D'une part, le fait que les contrats d'options peuvent être basés sur une grande variété de titres sous-jacents signifie qu'il y a beaucoup de possibilités quand il s'agit à décider comment et où investir. Les commerçants peuvent utiliser des options pour spéculer sur le mouvement des prix des actions individuelles, des indices, des devises étrangères et des produits de base entre autres. er les choses et cela présente évidemment beaucoup plus d'opportunités pour les bénéfices potentiels. La vraie polyvalence, cependant, réside dans les différents types d'options qui peuvent être négociées et dans la gamme des différentes commandes qui peuvent être passées.

Lorsque vous négociez des actions, vous avez essentiellement deux façons principales de gagner de l'argent, en prenant soit une position longue, soit une position courte sur une action spécifique. Si vous vous attendiez à ce qu'une action particulière prenne de la valeur, vous prendriez une position longue en achetant cette action en vue de la revendre plus tard à un prix plus élevé. Si vous vous attendiez à ce qu'une action particulière baisse de valeur, vous prendriez une position courte en vendant à découvert cette action dans l'espoir de la racheter plus tard à un prix inférieur. . Dans le commerce d'ortions, il y a plus de choix dans la façon dont les transactions peuvent être exécutées et bien d'autres façons de gagner de l'argent. Il est possible que cela puisse dire que ce qui est plus compliqué que le stockage est plus compliqué que tout ce qui est entièrement impliqué peut-être à ne pas faire pour ne plus être impliqué. Il y a certainement beaucoup de choses que vous devriez apprendre avant de commencer et d'investir votre argent.

Cela étant dit, cependant, la plupart des principes fondamentaux ne sont pas si difficiles à comprendre. Une fois que vous avez compris les bases, il devient beaucoup plus facile de comprendre exactement de quoi il s'agit.

Options d'achat

L'achat d'un contrat d'achat n'est en fait pas différent de l'achat d'actions. Vous prenez essentiellement une longue position sur cette partie, en vous attendant à ce qu'elle ait de la valeur. Vous pouvez acheter des produits en choisissant simplement exactement ce que vous souhaitez acheter et combien, puis en passant une commande d'achat auprès d'un courtier. Cette commande a été nommée ainsi parce que vous ouvrez une position en achetant des ordonnances. Si vos options ont de la valeur, vous pouvez soit les vendre, soit exercer votre opinion en fonction de ce qui vous convient le mieux. Nous fournissons plus d'informations sur la vente et l'exercice d'activités plus tard. L'un des grands avantages des contrats d'options est que vous pouvez les utiliser dans les situations où vous exprimez l'actif sous-jacent pour aller en valeur et aussi dans les situations où vous ous exprimez l'atout sous-jacent pour descendre. Si vous utilisiez un actif sous-jacent pour augmenter votre valeur, vous achèteriez toutes les actions, ce qui vous donne le droit d'acheter l'actif sous-jacent à un prix fixe. Si vous vous attendiez à ce qu'un actif sous-jacent baisse de valeur, vous achèteriez des options de vente, ce qui vous donne le droit de vendre l'actif sous-jacent à un prix fixe. Ceci n'est qu'un exemple de la souplesse de ces contrastes ; il y en a plusieurs autres. Si vous avez déjà ouvert une courte position sur les contrats d'options en les écrivant, vous pouvez également racheter ces contrats pour clôturer cette position. Pour fermer une position en achetant des contrats, vous placeriez un achat pour fermer l'ordre avec votre courtier.

Vendre et écrire des articles

Il existe essentiellement deux façons de vendre des contrats d'options. Tout d'abord, si vous avez déjà acheté des contrats et que vous souhaitez réaliser vos bénéfices ou réduire vos pertes, vous les vendriez en plaçant une commande de vente pour fermer. La commande est nommée ainsi parce que vous fermez votre position en vendant des contrats. Vous utiliseriez généralement cet ordre si les options que vous possédiez avaient augmenté en valeur et que vous vouliez prendre vos profits à ce moment-là, ou si les options que vous possédiez avaient perdu de la valeur et que vous vouliez quitter votre position avant de subir d'autres pertes. L'autre façon de vendre des options est d'ouvrir une position courte et de les vendre à découvert. Ceci est également connu sous le nom d'écriture d'options, car le processus implique en fait que vous écriviez de nouveaux contrats à vendre sur le marché. Lorsque vous faites cela, vous assumez l'obligation dans le contrat. si le porteur décide d'exercer son option, vous devrez lui vendre le titre sous-jacent au prix d'exercice (si un appel sur) ou acheter la sécurité sous-jacente d'eux au prix d'exercice (si une option de vente).

Les options d'écriture se font en utilisant la commande de vente pour ouvrir, et vous recevrez un paiement au moment de passer une telle commande. C'est généralement plus risqué que de négocier en achetant puis en vendant, mais il y a des bénéfices à faire si vous savez ce que vous faites. Vous passeriez généralement une telle commande si vous pensiez que la sécurité sous-jacente pertinente ne bougerait pas de telle manière que le titulaire serait en mesure d'exercer e leur option pour un profit. Par exemple, si vous pensiez qu'un stock particulier allait soit rester statique, soit perdre de la valeur, alors vous pourriez choisir d'écrire et vendre des options d'achat basées sur ce stock. Vous seriez susceptible de subir des pertes potentielles si la valeur de l'action augmentait, mais si elle ne le faisait pas au moment où les options expiraient, vous garderiez le p paiement que vous avez reçu pour les avoir écrits.

Exercice d'options

Les commerçants d'Ortisons ont tendance à tirer profit de l'achat, de la vente et de la rédaction d'options plutôt que de les exercer réellement. Cependant, selon les stratégies que vous utilisez et les raisons pour lesquelles vous avez acheté certains contrats, il peut arriver que vous choisissiez d'exercer e vos choix pour acheter ou vendre le titre sous-jacent. Le simple fait que vous puissiez vraiment gagner de l'argent en exerçant ainsi qu'en les achetant et en les vendant sert à illustrer à quel point la flexibilité et la satisfait cette forme d'offre commerciale.

Ortions se propage

Ce qui fait vraiment des options de trading une façon si intéressante d'investir, c'est la possibilité de créer des spreads d'options. Vous pouvez certainement gagner de l'argent en achetant des options puis en les revendant si vous faites un profit, mais ce sont les spreads qui sont les plus sérieux. outils puissants dans le commerce. Un écart est simplement lorsque vous entrez une position sur deux contrats d'options ou plus basés sur le même titre sous-jacent ó ; par exemple, acheter des options sur un stock spécifique et également rédiger des contrats sur le même stock. Il existe de nombreux types de diffusions que vous pouvez créer, et ils peuvent être utilisés pour de nombreuses raisons différentes. Le plus souvent, ils sont utilisés soit pour limiter le risque lié à la prise de position, soit pour réduire les dépenses financières nécessaires à la prise de position. La plupart des stratégies de trading impliquent l'utilisation de spreads. Certaines stratégies peuvent être très compliquées, mais il existe également un certain nombre de stratégies assez basiques qui sont faciles à comprendre.

Les véritables avantages de la négociation d'options viennent de l'utilisation d'écarts. Il est parfaitement possible de faire des profits dans n'importe quelle condition de marché en utilisant simplement une combinaison de l'achat direct et vente d'appels et d'ornières, mais si vous pouvez apprendre à utiliser les options de diffusion, vous découvrirez beaucoup plus d'erreurs à faire bénéfices. Une répartition étalée consiste essentiellement à prendre position sur deux contrats différents ou plus basés sur le même titre sous-jacent ô.

Par exemple, si vous achetez des contrats sur un stock particulier et que vous rédigez également des contrats sur ce même stock, alors vous avez essentiellement créé une ordonnance annonce. Ils sont principalement utilisés pour deux raisons précises, limitant le risque et réduisant les coûts initiaux de la prise d'une position particulière. Cependant, il existe de nombreux types différents et certains d'entre eux sont très simples tandis que d'autres sont plus complexes. Il existe également un certain nombre de façons différentes de les classer.

Dans cette section, nous examinons les principaux modèles, leur fonctionnement et leur conception. Les valeurs suivantes sont toutes couvertes, ainsi que quelques informations supplémentaires à leur sujet dans votre stratégie de trading. Vous devez savoir qu'un certain nombre d'entre eux peuvent appartenir à plusieurs catégories.

- Appeler et mettre
- Crédit débit
- Verticale, horizontale et diagonale
- Calendrier
- Rapport
- Ortions Spreads & Ortions Trading Strategu

Appeler et mettre

La façon la plus simple de classer un spread est de savoir quel type d'options de base est utilisé - appels ou mises. Bien que certains spreads puissent utiliser une combinaison des deux, la plupart d'entre eux utilisent soit juste des appels, soit juste des puts. Tout spread composé uniquement d'appels est connu sous le nom de propagation d'appels, tandis que celui qui est composé uniquement de mises est connu sous le nom de propagation de vente.

Crédit et débit

Les spreads peuvent également être facilement classés en fonction de la dépense en capital impliquée. Lorsque vous en créez un, vous engagez soit un coût initial, soit vous recevez un crédit initial. Si vous encourez un coût initial en dépensant plus pour l'achat de contrats que ce que vous recevez en rédigeant des contrats, cela s'appelle un débit étalé. Si vous réalisez que vous êtes en train de vous-même sur des choses sur des avantages que vous recevez de ce que vous recevez comme un crédit comme un crédit.

Définition des spreads de crédit

L'une des principales méthodes de classement des spreads d'ordonnances est basée sur la mise de fonds impliquée. Dans cet article, il existe deux types; сreдit сpreaдs et le débit se propage. Les écarts de crédit sont nommés de manière irréelle parce que vous recevez réellement un crédit au point initial de la traduction, généralement sous la forme d'une sh dans votre partenaire commercial. Ils sont importants pour votre stratégie de trading, la source de la stratégie que vous utilisez actuellement. Ici, nous fournissons plus de détails à leur sujet, couvrant les sujets suivants :

- Comment les spreads de crédit sont créés
- Examen d'un écart de crédit
- Utilisation des spreads de crédit
- Types de marges de crédit
- Résumé des avantages et des inconvénients

Comment les spreads de crédit sont créés

Ceux-ci sont créés en passant deux commandes distinctes sur des contrats d'options liés au même titre sous-jacent. Tout d'abord, vous utiliseriez une vente pour ouvrir l'ordre de prendre une position courte sur un contrat en l'écrivant. En rédigeant et en vendant un contrat ou des contrats, vous recevez le prix de vente sous forme de crédit sur votre compte de trading. Vous utiliseriez alors une partie de ces fonds pour acheter des contrats moins chers sur le même titre sous-jacent en utilisant un ordre d'achat ouvert. En supposant que votre investissement dans les options que vous achetez est inférieur à l'argent que vous recevez pour ceux que vous vendez, vous avez une position nette positive à ce niveau point, créant ainsi un étalement de crédit.

Exemple d'un écart de crédit
Une façon courante de créer un étalement de crédit est de rédiger des contrats d'options qui sont soit en argent, soit à argent, puis d'acheter des contrats moins chers sur la même sécurité qui sont hors de l'argent. Par exemple, si vous avez écrit 100 dans les contrats en argent qui se négociaient à 1,50 $ et que vous en avez acheté 100 dans les contrats en argent, de la même manière il, qui se négociaient à 1,00 $, alors vous recevriez 150 $ pour la rédaction des contrats et réinvestiriez seulement 100 $ dans l'achat contrats. Cela vous donnerait une idée positive de 50 $.

Utilisation des spreads de crédit
Un étalement de crédit consiste essentiellement à combiner une position courte sur des options qui sont dans l'argent ou à l'argent ensemble avec avec une longue position sur les options qui sont hors de l'argent. En utilisant une partie des fonds reçus en prenant la position courte sur l'adoption de la position longue opposée, vous

limitez le risque que vous soyez exposé à. Prendre la position courte entraînerait évidemment une exigence de marge, et en créant un étalement de crédit, vous pouvez réduire cette réduction rappelez-vous ; en raison du fait que l'élément de risque est au moins partiellement compensé par la position longue. Par exemple, si vous avez écrit des appels sur une action particulière, vous seriez alors exposé au risque que cette action augmente en valeur, au-delà du prix d'exercice . Vous seriez obligé de vendre au titulaire de ces contrats l'action sous-jacente au prix d'exercice s'il choisissait d'exercer. Si vous aviez écrit ces contrats sans posséder l'action sous-jacente, connue sous le nom d'écriture nue, vous auriez alors dû acheter l'action au prix le plus élevé avant de la vendre. les remettre au titulaire à perte. Cependant, si vous possédez également des contrats d'achat sur cette action, vous pourrez alors exercer et acheter l'action au prix d'exercice indiqué dans ces contrats.

Par conséquent, en termes très simples, le risque auquel vous êtes exposé est limité à la différence entre le prix d'exercice dans l'option ceux que vous avez écrits et le prix d'exercice de ceux que vous avez achetés. Dans l'exemple ci-dessus, votre perte sur ceux que vous avez écrits augmente à mesure que le stock sous-jacent augmente. Cependant, votre gain sur ceux que vous avez achetés augmente également au même rythme. C'est beaucoup moins risqué qu'un simple écrit nu, où vos pertes sont théoriquement illimitées. Comme vous pouvez le voir, les spreads de crédit sont un outil utile pour limiter les risques tout en pouvant en tirer profit. En écrivant des appels et en achetant des appels pour créer un écart de crédit, vous ferez généralement un profit si le prix du titre sous-jacent baisse. est assez stable. En fonction des caractéristiques exactes des options concernées, vous pouvez même réaliser un bénéfice si le prix de la sécurité augmente légèrement. montant.

Comme indiqué ci-dessus, vos risques sont limités si le prix de la sécurité augmente, il y a donc des avantages évidents à utiliser le crédit. lit. Ainsi que les risques étant limités, les bénéfices le sont aussi. Le profit maximum que vous pouvez faire est essentiellement l'argent que vous recevez pour écrire les options que vous vendez moins le coût de celles que vous achetez. Parce qu'il est possible de faire des profits indépendamment de ce qui dirige le prix d'une sécurité sous-jacente, ces écarts peuvent être utilisés dans un certain nombre de stratégies commerciales, y compris des stratégies multidirectionnelles. En règle générale, ils sont utilisés lorsque de petits changements dans le prix du titre sous-jacent sont attendus.

Types de spreads de crédit
Il existe un certain nombre de types différents d'écarts de crédit que vous pouvez utiliser dans la négociation d'options, en fonction de vos stratégies et des mouvements de marché auxquels vous vous attendez. Les éléments suivants sont les plus couramment utilisés.

- Bull Put Série
- Propagation des appels à l'ours
- Papillons courts Sppеад
- Papillons de fer Sppеад

Résumé des avantages et des inconvénients
Les spreads de crédit présentent quatre principaux avantages. Tout d'abord, lorsque vous les créez, vous recevez de l'argent directement sur votre compte de

trading. Le fait que vous puissiez limiter vos pertes est évidemment bénéfique, tout comme le fait que vous pouvez les utiliser pour obtenir un profit basé sur le sous-jacent. se déplaçant en toute sécurité dans plus d'une direction. Ils ont l'avantage de nécessiter une exigence de marge inférieure à celle des écritures nues. Un inconvénient est qu'ils vous obligent toujours à négocier sur la marge, ce qui n'est pas quelque chose que vous devez faire si vous êtes juste en train d'acheter des contrats d'options. De plus, bien que vous limitiez vos pertes potentielles, vous limitez également vos bénéfices ; cela signifie que le rapport risque / récompense n'est généralement pas si favorable.

Vertical, horizontal et diagonal

Une autre méthode pour classer les spreads est basée sur les positions des options les unes par rapport aux autres sur une option chaîne. Les spreads qui impliquent l'achat et l'écriture de contrastes du même type, de la même date d'expression et de la même méthode de souscription mais avec des taux différents seraient empilés verticalement sur une option. Ceux qui impliquent l'achat et la rédaction de contrats avec des dates d'expiration différentes, mais le même pneu, le même prix d'exercice et la même sécurité sous-jacente sont connus sous le nom de spreads horizontaux. L'achat et la vente d'options qui ont des prix d'exercice différents et des dates d'expiration différentes, mais qui sont le même pneu et la même sécurité sous-jacente, créent une propagation diagonale.

Calendrier

Celles-ci impliquent des options qui ont des dates d'expiration différentes. Les spreads horizontaux et les spreads diagonaux sont deux exemples de spreads de calendrier, mais il existe également d'autres types. Ils sont essentiellement utilisés pour essayer de tirer profit de différents taux de décroissance temporelle entre les contrats écrits et les contrats achetés.

Rapport

Ceci s'applique à toute répartition qui implique l'achat et la vente de quantités différentes de contrats d'options, contrairement à l'achat d'un montant de contrats égal au montant wr ça. Cela implique de rédiger de plus en plus de rédaction, mais le fait que ce soit le cas qui est plus important sur le fait de vous-même.

Écarts d'options et stratégie de négociation d'options

Les différents types de propagation sont un sujet très important dans le commerce des options, car la plupart des stratégies impliquent de les utiliser. Il existe de nombreux types différents, et ils ne sont pas tous couverts dans cette section particulière. Au lieu de cela, nous venons de couvrir les principales catégories, en expliquant leurs caractéristiques de base et en vous montrant comment elles peuvent être utilisées. Nous vous suggérons de vous familiariser d'abord avec les informations contenues dans cette section, mais pour une liste plus complète des différents types, vous pouvez lire notre section ou aucune stratégie de négociation d'options. Dans cette section, nous couvrons tous les écarts que vous devez connaître avec des informations détaillées sur la façon de les utiliser.

Comment fonctionnent vraiment les options

Avant de commencer à négocier des options, vous devez comprendre exactement comment fonctionnent les options. Étant donné que les obligations sont un peu plus complexes que la plupart des autres instruments financiers, il est absolument essentiel que vous sachiez parfaitement où elles sont levées, comment elles sont exercées et comment elles sont réglées. Rehecdlight de Quels droits de la jeunesse Ortorsn't, Quels Ugs de style Tradhang, et les Ugs de style Whahrlu, et le What WhahteGygy UQ, et Whamrlu Canthed UAE, et dont MrTrlu Hou EXresnel Woj EXresful To Fundne ENTAL UNDEPTANDGNG AF WHY WARRK. Nous allons regarder ce qui suit :

- Comment les Ortions sont-elles tarifées
- Comment les ordonnances sont-elles exercées
- Comment les ordonnances sont réglées

Comment les options sont évaluées

Il y a deux aspects spécifiques des options que vous devez connaître. Tout d'abord, comment les contrats sont réellement évalués et comment le prix est déterminé. Il y a deux éléments qui composent le prix d'un contrat d'options : la valeur extrinsèque et la valeur intrinsèque. La valeur intrinsèque est relativement simple et facile à calculer. En termes simples, c'est la valeur réelle de l'option à ce stade en termes de tout profit qui pourrait être réalisé en exerçant l'option. Par exemple, une option d'achat basée sur la sécurité sous-jacente des actions de la société X avec un prix d'exercice de 20 $ n'aurait aucune valeur intrinsèque. e si le stock se négociait à 20 $ ou moins, parce qu'il n'y a aucun profit à faire en exerçant l'option dans ces circonstances. Cependant, si l'action se négociait à 25 $, la valeur intrinsèque serait de 5 $, car le bénéfice est effectivement intégré au contrat. La valeur intrinsèque est essentiellement la différence entre la valeur intrinsèque et le prix. C'est un peu plus complexe que cela et c'est basé sur des facteurs autres que le prix de la sécurité sous-jacente.

L'autre aspect des prix que vous devez comprendre est le prix auquel ils sont achetés et vendus. Lorsqu'ils sont dus sur les échanges, ils ne sont pas cotés à un prix unique, mais plutôt avec un prix acheteur et un prix vendeur. Le prix de l'offre est le prix auquel vous pouvez les vendre, et le prix demandé est le prix auquel vous pouvez les acheter. Le prix demandé est supérieur au prix de l'offre, donc chaque fois que vous négociez, il y a effectivement une marge intégrée.

Comment les options sont exercées

Lorsque vous achetez un contrat d'options, vous achetez le droit d'acheter ou de vendre l'actif sous-jacent au prix d'exercice convenu. Si vous décidez que vous voulez agir correctement et l'appliquer, c'est ce qu'on appelle l'exercice de l'option. Lorsque vous exercez en tant que titulaire d'un contrat, le rédacteur de ce contrat est obligé de procéder à la transaction pertinente. Certains contrats vous permettent d'exercer à tout moment (à l'américaine) tandis que d'autres ne peuvent être exercés qu'à la date d'expiration (Eur style ouvert). Les options de trading ne doivent pas impliquer d'exercice, car il est possible de gagner de l'argent simplement en achetant et en vendant à droite fois et en profitant de cette façon. En effet, de nombreux commerçants n'exercent que rarement, voire jamais, et à la place ferment leurs positions ouvertes en achetant ou en vendant en conséquence. Cependant, il peut y avoir des circonstances dans lesquelles l'exercice est la bonne voie à suivre.

Comment les options sont réglées

Lorsqu'un contrat d'options est exercé par le titulaire, il y a un processus qui doit avoir lieu pour que le rédacteur du contrat respecte son obligation gâtions au titulaire. Ce processus est connu sous le nom de règlement, et il se produit soit lorsque le titulaire d'un contrat exerce, soit si le contrat est automatiquement réglé. expiration. Il existe deux types de règlement : le règlement physique et le règlement en espèces. Le règlement physique se produit lorsque l'actif sous-jacent est réellement transféré entre les deux parties, tandis que le règlement en espèces se produit lorsque le détenteur est payé ou mais un montant en espèces égal à tout profit qu'ils pourraient théoriquement faire.

Où échanger des ortions

Depuis que vous ne vous êtes pas fait pour que vous ne puissiez pas vous traduire en vous répercutant que vous êtes en train de vous rendre à votre avis. où allez-vous acheter, vendre et écrire des options. La plupart des contrats d'options sont achetés et vendus sur divers échanges d'options basés dans le monde entier. Ces échanges sont facilement accessibles au grand public, mais vous ne pouvez pas réellement effectuer les transactions vous-même. De la même manière que vous avez besoin des services d'un courtier en valeurs mobilières pour acheter et vendre des actions sur les bourses du monde, vous avez besoin d'un courtier pour acheter et vendre tions.

Utiliser un courtier pour négocier des options

La plupart des courtiers en valeurs mobilières effectueront des transactions en votre nom, et il existe également des courtiers en valeurs mobilières qui se concentrent sur précisément sur cet instrument financier particulier. Utiliser un courtier pour négocier des options est très simple : il vous suffit de lui indiquer quelle transaction vous souhaitez vendre et il exécutera la transaction pour vous. En retour, ils vous factureront une commission pour la transaction, généralement basée sur la taille de la transaction concernée.

Il existe une gamme de commandes différentes que vous pouvez passer auprès d'un courtier, et ces commandes peuvent être utilisées pour acheter des contrats, vendre des contrats existants que vous possédez déjà et écrire w contrats à vendre. Il existe également certaines conditions que vous pouvez définir dans le cadre de vos commandes : telles que les prix minimum ou maximum à négocier.

Choisir un courtier à utiliser pour négocier des options peut en fait être une décision difficile, car il y en a tellement. Si vous faites déjà des investissements, dans des actions et des actions par exemple, alors vous avez déjà un compte auprès d'un courtier qui peut tout donc être utilisé pour échanger des options. Alternativement, si vous avez des amis ou des membres de la famille que vous savez utiliser un courtier, vous voudrez peut-être leur demander une recommandation.

Courtiers à service complet et courtiers à escompte

Les deux principaux types de courtiers sont les courtiers à service complet et les courtiers à escompte. Les différences entre les deux résident essentiellement dans les services qu'ils proposent et dans les frais et commissions qu'ils facturent. Les courtiers à service complet sont généralement les plus chers des deux, car vous aurez un contact personnel qui travaillera avec vous sur vos investissements. Un bon courtier à service complet prendra le temps de comprendre votre situation personnelle et vos objectifs d'investissement, puis vous offrira des conseils et des orientations sur les investissements que vous devrait faire. Grâce à une combinaison de savoir ce que vous essayez d'accomplir et de leurs propres connaissances et expertise, ils devraient être en mesure de vous aider à atteindre vos objectifs d'investissement. Comme vous pouvez l'imaginer, vous payez une prime pour ce niveau de service. Si vous utilisez un courtier à service complet, vous paierez généralement des commissions assez élevées sur toutes vos transactions, et vous pourriez être déçu. sous réserve de frais mensuels ou annuels également.

Les courtiers à escompte, comme leur nom l'indique, sont généralement moins chers et ils offrent des commissions et des frais réduits. Vous paierez généralement beaucoup moins de commission pour chaque transaction que vous effectuez et les autres frais seront réduits au minimum. Cependant, vous ne bénéficierez pas de l'aide d'un professionnel pour vos investissements. Un courtier à escompte est essentiellement là pour prendre vos ordres et les exécuter en conséquence. Si vous avez très peu d'expérience en investissement, les avantages d'un courtier à service complet sont assez clairs. Cependant, les coûts supplémentaires impliqués ne doivent pas être ignorés. Si vous négociez avec relativement peu de capital de départ, l'utilisation d'un courtier à service complet pourrait avoir un impact sérieux sur vos bénéfices. De plus, si vous prévoyez d'être raisonnablement actif dans vos transactions d'options, il peut ne pas être pratique de demander conseil avant chaque transaction que vous pouvez effectuer et, bien sûr, plus vous négociez Rendre le plus d'impact les commissions plus élevées auront.

Courtiers en ligne et courtiers hors ligne

Dans le passé, la relation d'un investisseur avec son courtier aurait généralement été relativement personnelle. Il était normal que les investisseurs, en particulier les investisseurs réguliers, et leurs courtiers se connaissent raisonnablement bien. La façon la plus courante pour les investisseurs de passer des commandes avec leur courtier serait par téléphone, et il y avait beaucoup d'interactions personnelles n.m. Bien qu'il existe de nos jours de nombreux investisseurs qui entretiennent encore de telles relations avec leurs courtiers, l'utilisation de courtiers en ligne est de plus en plus répandue. Les courtiers en ligne sont généralement des courtiers à prix réduits, donc si vous préférez utiliser un courtier à service complet, vous feriez peut-être mieux d'utiliser un courtier hors ligne à qui vous pouvez parler au téléphone. Cependant, si le maintien des frais et des commissions bas est une priorité pour vous, alors un courtier en ligne est presque certainement le meilleur choix pour vous. Pour la plupart des commerçants d'options, nous suggérons que l'utilisation d'un courtier en ligne est tout à fait la voie à suivre, pour un certain nombre de raisons.

La première raison que nous avons déjà mentionnée; les économies de coûts peuvent être substantielles lorsque vous utilisez un courtier en ligne, car vous paierez généralement beaucoup moins de commission sur chaque transaction. décision que vous prenez. Il y aura généralement moins à payer pour les autres frais de compte, à moins que vous ne vouliez spécifiquement accéder aux divers outils et services supplémentaires qui sont Certains courtiers en ligne mettent à disposition un lit bébé. La deuxième raison est la facilité de faire des transactions. L'utilisation d'un courtier en ligne est incroyablement simple une fois que vous vous êtes habitué à la plate-forme de négociation, et passer des commandes d'options n'est normalement qu'une question de quelques clics de la souris. Si vous allez être relativement actif lorsque vous négociez des ordonnances, alors la capacité de passer des commandes rapidement est un énorme avantage. Si vous utilisez un style de day trading, alors quelques minutes de différence dans l'obtention de vos commandes passées et traduites peuvent parfois être la différence entre mak gagner de l'argent sur un échange et perdre de l'argent. Même si vous n'êtes pas particulièrement actif et que vous n'échangez que occasionnellement, les avantages d'utiliser un courtier en ligne en font probablement un meilleur choix que d'utiliser un courtier hors ligne.

Avantages de la négociation d'ordonnances
Il existe en fait un certain nombre d'avantages que cette forme d'offre commerciale offre, ainsi que la polyvalence à laquelle nous avons fait référence ci-dessus. Il continue de gagner en popularité, non seulement auprès des commerçants professionnels, mais aussi auprès des commerçants plus occasionnels. Pour découvrir ce qui le rend si réel. Il est facile de comprendre pourquoi acheter des actions ou les échanger interpelle tant d'investisseurs ;

c'est relativement simple à faire et il y a certainement de l'argent à gagner. La négociation d'autres instruments financiers est souvent plus compliquée et c'est probablement la raison pour laquelle de nombreux investisseurs et commerçants s'en tiennent aux actions. Cependant, certains de ces autres instruments financiers peuvent offrir d'autres avantages que les actions n'offrent pas. Le commerce des ortions, en particulier, présente de nombreux avantages et il existe de nombreuses raisons pour lesquelles cette forme de commerce est digne de considération pour quiconque cherche à investir. Ici, nous examinons les principales raisons de l'échange d'ordonnances et pourquoi cela peut être une si bonne idée, même s'il s'agit d'un sujet plus complexe avec tant de choses à apprendre. Les sujets suivants sont couverts :

- Carital hors-la-loi et rentabilité
- Risque et récompense
- Flexibilité et polyvalence
- Inconvénients de la négociation d'ordonnances

Dépenses caritatives et rentabilité

L'une des meilleures raisons pour échanger des options est le fait qu'il est possible de faire des profits significatifs sans nécessairement avoir de grosses sommes d'argent. Pour cette raison, il est idéal pour les investisseurs avec peu de capital de départ ainsi que ceux avec des budgets plus importants. Le potentiel de gros bénéfices de petits investissements est en grande partie dû à l'utilisation de l'effet de levier. En termes très simples, vous pouvez utiliser l'effet de levier pour obtenir plus de puissance commerciale à partir du capital que vous avez. Par exemple, disons que vous aviez 1 000 $ à investir et que vous souhaitiez l'investir dans les actions de la société X, qui se négocient actuellement à 20 $, que vous vous vous attendiez à ce que la valeur augmente. Si vous choisissez d'acheter simplement ces actions en utilisant vos 1 000 $, vous pouvez acheter 50 actions. Si le stock montait à, disons, 25 $, vous feriez un profit de 5 $ par action pour un total de 250 $. Cela représente un retour de 25% sur votre investissement initial.

Alternativement, vous pouvez choisir d'acheter des options d'achat sur le même stock, ce qui vous donne le droit d'acheter le stock. Si les options d'achat avec un prix d'exercice de 20 $ se négociaient à 2,00 $ chacune, vous pourriez acheter 500 options qui vous permettraient d'acheter 500 actions si le stock d monter. Avec le stock passant à 25 $, vous pouvez exercer votre option pour acheter 500 actions, puis les vendre immédiatement pour un profit de 2 500 $. Après avoir retiré votre investissement initial de 1 000 $ pour acheter les options, il vous reste encore 1 500 $ de profit et un retour sur votre argent de 150 %.

Ceci est un exemple quelque peu simplifié, mais il illustre comment vous pouvez générer des rendements importants à partir de tout ce dont vous disposez. Il s'agit d'un avantage évident que les options de négociation ont sur la négociation de pratiquement tout autre type d'instrument financier. Tout simplement, vous pouvez économiser de l'argent en prenant une position particulière sur la sécurité sous-jacente, ce qui vous permet d'être très rentable investissements et métiers. Il existe même un certain nombre de stratégies qui peuvent être utilisées spécifiquement pour réduire le coût de la prise de certaines positions.

Risque et récompense

À certains égards, le risque par rapport à l'avantage de récompense offert par les options de négociation est étroitement lié au point ci-dessus. Comme le montre l'exemple donné, il est possible d'obtenir des rendements proportionnellement plus importants à partir du même investissement en capital. Nous avons utilisé cet exemple pour souligner que le commerce peut être fait avec des quantités relativement faibles de capital de départ et que cela peut être très rentable. vous investir. De plus, le trading d'options peut offrir un bien meilleur rapport risque/récompense si les bonnes stratégies de trading sont utilisées. Il convient de préciser qu'il existe évidemment des risques, car il y en a avec tout type d'investissement. Certaines stratégies de trading peuvent être très risquées, en particulier celles qui sont de nature très spéculative. La règle générale est que plus le rendement potentiel est élevé, plus le niveau de risque encouru est élevé. Ce qui est particulièrement génial, cependant, c'est le fait que vous pouvez à peu près choisir le niveau de risque que vous souhaitez prendre et échanger en conséquence.

Le large éventail de différents contrats que vous pouvez échanger et les différentes commandes que vous pouvez passer facilitent grandement la limitation risque que lorsqu'il s'agit simplement d'acheter et de vendre des actions. Au fur et à mesure que vous en apprendrez plus sur les options et la façon dont elles sont négociées, vous réaliserez à quel point elles peuvent être un outil puissant en matière de gestion des risques.

Flexibilité et polyvalence
L'un des éléments les plus appréciables des options est la flexibilité qu'ils offrent. Ceci est contraire à la plupart des formes d'investissement passif, et même à certaines formes plus actives, où il y a des stratégies limitées impliquées et limitées façons de gagner de l'argent. Par exemple, si vous adoptez une approche d'achat et de conservation de l'investissement et que vous achetez simplement des actions pour construire un portefeuille à long terme, il est essentiel En fait, vous ne pouvez utiliser que deux stratégies principales. Vous pouvez vous

concentrer sur la croissance à long terme et acheter les actions qui devraient prendre de la valeur avec le temps, ou vous pouvez rechercher des rendements plus réguliers et acheter des actions qui devraient offrir versements réguliers de dividendes. Bien sûr, vous pouvez utiliser une combinaison des deux et il existe quelques variantes sur les deux stratégies principales, telles que rendre très sûr investissements qui impliquent très peu de risques mais un rendement limité ou s'il faut prendre plus de risques pour de grands bénéfices potentiels . Cependant, le fait est qu'il n'y a pas vraiment beaucoup de possibilités d'utiliser des stratégies avancées pour augmenter votre niveau de bénéfices.

Même si vous négociez activement des actions, il existe certaines limites. En termes très simples, vous pouvez soit acheter des actions dont vous pensez qu'elles vont augmenter en valeur, soit vendre à découvert des actions dont vous pensez qu'elles vont baisser en valeur. Il existe certainement une plus grande gamme de stratégies qui peuvent être utilisées lors de l'adoption de l'approche d'achat et de conservation, et un certain nombre de méthodes différentes qui peuvent être utilisées pour déterminer ce qu'il faut faire. et quand. Cependant, la flexibilité et la polyvalence dans les échanges signifient que vous trouverez beaucoup, beaucoup plus d'opportunités pour faire des profits dans n'importe quel endroit. la condition du marché. D'une part, les options peuvent être achetées et vendues sur la base d'une grande variété d'actifs sous-jacents. En plus de spéculer sur les mouvements de prix des actions, vous pouvez également spéculer sur les mouvements de prix des indices, des matières premières et des devises étrangères. Ce seul fait signifie qu'il existe un grand nombre d'opportunités identifiables pour des transactions potentiellement rentables.

Pour plus, vous avez des compétences particulières pour les effectifs de la façon dont le pour le fait de réaliser un knack fondamental. Vous pouvez utiliser vos compétences sur le marché des changes pour négocier des options en fonction des tendances étrangères et également utiliser votre savoir-faire de l'industrie pour négocier des options en fonction des actions pertinentes. Le potentiel de trouver des métiers appropriés est presque illimité. La gamme de stratégies de trading réelles qui peuvent être utilisées est également énorme. En règle générale, les spreads offrent une véritable flexibilité dans la façon dont vous négociez. Que vous cherchiez à limiter le risque de prendre une position, à réduire le coût initial de la prise de position ou à tenter de tirer profit de plusieurs mouvements dans une direction, cela offre une véritable polyvalence. . Ils peuvent également être utilisés pour couvrir des positions existantes, ce qui peut être très utile en période d'incertitude. Il est également possible d'utiliser les spreads d'options pour profiter d'un marché stagnant, ce qui est très difficile lors de la négociation d'actions.

Inconvénients de la négociation d'ordonnances

Il est assez facile de voir pourquoi les options commerciales deviennent de plus en plus populaires parmi de nombreux investisseurs. Ce ne sont plus seulement les professionnels qui sont concernés, car de plus en plus d'investisseurs occasionnels et de commerçants à domicile en profitent. c'est sur l'offre. Ce n'est pas sans inconvénients cependant. Il est juste de dire que maîtriser le trading d'options n'est pas une tâche simple, et il y a certainement beaucoup à apprendre. C'est certainement la plus grande raison pour laquelle il est encore évité par tant de personnes, car les complexités du sujet peuvent le faire. ils sont accablants ou même intimidants. C'est certainement un inconvénient majeur que ce n'est pas aussi simple que beaucoup d'autres formes d'investissement. Les profits sont là pour être faits. mais cela prend beaucoup de temps et d'engagement pour apprendre comment.

Un autre inconvénient est les risques encourus. Bien qu'il y ait des risques dans toute forme d'investissement, le commerce des ordonnances peut être particulièrement risqué, en particulier pour les débutants relatifs qui n'ont pas une quantité énorme d'expérience. La nature même des options signifie qu'elles peuvent être utilisées pour limiter les risques, si vous comprenez les stratégies requises, mais cette forme de négociation ne doit pas être envisagée comme sans risque par tous les moyens.

Selon les investisseurs, quels sont les avantages du trading d'options ?

Lorsque vous achetez une option, vous payez la prime - le prix actuel du marché de l'option - plus la commission de négociation, et ce coût total peut être beaucoup moins que le coût d'achat d'un actif sous-jacent, comme une action. Cela signifie que l'achat ou la vente d'options sur un actif sous-jacent au lieu de simplement acheter ou vendre l'actif sous-jacent lui-même pourrait vous donner un gain plus important. ins - si vous avez raison sur l'évolution du prix de l'actif. L'achat d'options peut également aider à couvrir le risque, puisque vous n'avez pas à suivre le commerce décrit dans le contrat. Si vous vous trompez sur la direction d'un prix, vous ne perdez que ce que vous avez payé pour le contrat d'options.

Le trading d'options est-il risqué ?

Chaque fois que vous spéculez sur ce que le marché fera, il y a un risque. Et tandis que les investisseurs avertis utiliseront les ordonnances comme un moyen de se prémunir contre les risques, tous les jours les investisseurs qui pas aussi en phase avec les besoins et les inconvénients quotidiens du marché ne sont pas conseillés de le faire. Pour gagner de l'argent sur les actions commerciales, vous devez vraiment savoir si le prix d'une action va monter ou descendre. "Les options peuvent vous permettre de faire des choix vraiment précis", déclare Angel. "Mais à moins que vous n'ayez des raisons de penser que vous en savez plus que tout le monde, vous allez perdre." Il y a aussi un laps de temps dans lequel vous devez avoir raison, ce qui ajoute des risques. Si vous pensez que le prix d'une action va augmenter et que vous avez un contrat de six mois, mais que le prix augmente dans huit mois, vous n'avez pas de chance. À la date d'expiration, le contrat est sans valeur et vous avez perdu tout l'argent que vous y avez dépensé.

La vente d'options est beaucoup plus risquée que l'achat d'options, car les vendeurs n'ont pas la capacité de vendre - ils sont obligés de vendre ou de vendre le produit à un certain moment, même si cela signifie qu'ils perdront de l'argent. Puisqu'il n'y a pas de plafond pour le cours d'une action, les pertes potentielles sont illimitées.

Risques liés aux options de négociation

Pertes potentielles dans le trading d'options

L'une des nombreuses raisons pour lesquelles les investisseurs choisissent d'échanger des options est due à la flexibilité et à la polyvalence qu'ils offrent, et au large éventail de stratégies qui peuvent un être utilisé. En particulier, il existe un certain nombre de stratégies qui peuvent être utilisées soit pour limiter le risque de prendre position, soit pour réduire les coûts initiaux de la prise de position. Avec certaines des stratégies à risque limité, il est possible d'entrer dans un échange et de savoir exactement quelle est la perte potentielle maximale, ce qui peut être très utile lors de la planification d'échanges. .

Cependant, la négociation d'options est largement considérée comme présentant un risque élevé et il est certainement possible de subir des pertes importantes. Évidemment, plus vous apprenez et plus vous acquérez de l'expérience, moins vous risquez de faire des pertes catastrophiques, mais même les commerçants expérimentés peuvent faire des erreurs et c'est important. et de savoir à quel type de risques vous êtes exposé.

Un avantage majeur qui est souvent mentionné est le fait que vous pouvez utiliser l'effet de levier pour multiplier efficacement la puissance de votre capital. Par exemple, si vous avez acheté pour 1 000 $ d'options d'appel basées sur l'action de la société X, vous pourriez faire des profits beaucoup plus importants. Si ce stock a augmenté, vous devriez investir directement ces 1 000 $ dans le stock. Cependant, le revers de la médaille est que si le stock a baissé de valeur, ou même est resté le même, vos options d'achat peuvent finir par ne pas changer cependant et vous perdriez la totalité de vos 1 000 $. Si vous aviez acheté le stock à la place, vous ne perdriez que 1 000 $ si la société X faisait faillite. Cela met en évidence un risque majeur, qu'il est possible que les options que vous achetez expirent sans valeur, ce qui signifie que vous perdez tout ce que vous avez investi dans ces contrats.

De plus, lors de la rédaction d'options, vous pouvez éventuellement perdre de grosses sommes d'argent si la sécurité sous-jacente évolue considérablement en prix. une direction défavorable. Il y a des mesures que vous pouvez prendre pour limiter les pertes, telles que l'utilisation d'ordres stop loss ou la création de spreads, mais il est essentiel que vous soyez conscient du potentiel les pertes que vous pouvez subir, que ce soit en achetant des contrats ou en les rédigeant.

Commerce d'options

La nature même des échanges d'options et les complexités impliquées constituent un risque en soi. Bien qu'il ne soit pas vraiment difficile de comprendre les bases, certains aspects du trading d'options et les stratégies que vous pouvez utiliser sont beaucoup plus choisi. C'est une erreur assez courante pour les investisseurs, et en particulier les débutants, de ne pas bien comprendre ce qu'ils font et cela peut être une grave erreur dangereuse e faire. Vous pouvez surmonter ce risque en apprenant autant que possible, y compris les sujets avancés, et en utilisant uniquement des stratégies que vous maîtrisez vous êtes familier avec. Il est trop facile de deviner ce que vous faites et pourquoi, et c'est quelque chose que vous devriez vraiment essayer d'éviter. La connaissance vous donnera confiance.

Choix des options

La négociation d'options est beaucoup plus courante qu'auparavant, avec un nombre croissant d'investisseurs impliqués, mais il peut toujours y avoir des problèmes. idem de sertain ortions. Car il est possible que ce soit, il y a de plus en plus pour que vous échangez pour échanger de plus en plus pour que vous soyez très faible. Cela peut poser un problème, car il peut être difficile de faire les transactions nécessaires aux bons prix. Ce n'est pas un problème majeur si vous négociez de très petits volumes ou si vous négociez les options les plus courantes, mais pour ceux qui négocient de gros volumes ou des options peu courantes, cela peut créer des risques supplémentaires. Les bourses utilisent généralement des teneurs de marché pour garantir des niveaux de liquidité, mais cela ne résout pas nécessairement le problème en entier.

Coûts de la négociation d'ordonnances

Les coûts liés à leur négociation sont étroitement liés à la liquidité de certaines options. Le prix d'un contrat d'options est toujours calculé sur les échanges avec un prix acheteur et un prix vendeur. Le prix de l'offre est le prix que vous recevez pour les écrire et le prix de la demande est le prix que vous payez pour les acheter. Le prix demandé est toujours plus élevé que le prix acheteur, et la différence entre ces deux prix est connue sous le nom de bid ask spread, ou le spread. La propagation est essentiellement un coût indirect des options de négociation, et plus la propagation est grande, plus ces coûts augmentent. Un manque de luditude conduira généralement à des écarts plus importants, et c'est un autre risque potentiellement important. Les coûts directs des options de négociation peuvent également être plus élevés que certaines autres formes d'investissement : en particulier, les commissions peuvent rged par des courtiers. Ces coûts sont une partie inévitable de tout type d'investissement et doivent toujours être pris en compte dans tout plan commercial que vous préparez. La raison pour laquelle ils sont particulièrement pertinents pour le commerce d'options est que la plupart des stratégies impliquent la création de spreads.

La création d'un étalement d'ordonnances implique la saisie de deux ou plusieurs résolutions sur différentes ordonnances basées sur la même sécurité sous-jacente. Il y a de très bonnes raisons d'écrire ces articles, mais le plus rapide est que la prise de plusieurs transactions entraîne effectivement une augmentation des ventes.

Heure Desau

Un autre risque inévitable est l'effet de la décroissance du temps. Toutes les options ont une sorte de valeur temporelle, et généralement plus elles ont de temps jusqu'à l'expiration, plus cette valeur temporelle est élevée. Par conséquent, toutes les options que vous possédez perdront toujours une partie de leur valeur au fil du temps. Bien sûr, cela ne signifie pas qu'ils perdent toujours de la valeur, mais la dégradation du temps peut avoir un impact négatif sur la valeur de toutes les options auxquelles vous vous accrochez.

Résumé

Certains investisseurs sont conscients des risques liés aux options commerciales et, à cause de cela, ils décident d'éviter les options comme dans véhicule de vêtement. Le simple fait est que ce n'est pas pour tout le monde ; c'est une façon relativement inappropriée d'investir et il y a certains pièges et inconvénients. Cependant, aucune forme d'investissement n'est sans inconvénients et il existe également de nombreuses raisons pour lesquelles les options de négociation sont une bonne idée. Il y a certainement de nombreux investisseurs qui en tirent beaucoup d'argent et il est tout à fait possible que quiconque le fasse. Si vous envisagez de vous impliquer, votre décision devrait vraiment être basée sur le fait que les avantages de l'échange d'options l'emportent sur les risques liés à votre point de vue.

Dois-je échanger des opinions ?

Pour de nombreux investisseurs, le trading d'options n'a pas de sens et ne devrait pas du tout être inclus dans un portefeuille. Mais pour ceux qui veulent essayer des options commerciales, découpez juste une petite partie de «l'argent fictif» que vous seriez d'accord pour perdre tout, dit Beth Agnello, un planificateur financier avec Conseils financiers Fair Winds. (N'utilisez pas votre épargne d'urgence ou de retraite.) ou Bitcoin, ou choisir des stocks.

La stratégie de trading d'Ortiums est l'un des sujets les plus complexes dans le trading d'options, mais c'est un sujet avec lequel tout trader d'options doit être familier. Il existe une vaste gamme de stratégies différentes qui peuvent être utilisées lors de la négociation d'options, et celles-ci ont toutes des caractéristiques variables. Chacun est essentiellement un pneu unique de propagation, ce qui implique de combiner plusieurs rosititions en fonction de la sécurité sous-jacente en une seule. ll rosition. Il existe un certain nombre de raisons pour lesquelles ces outils sont utilisés et ce sont des outils très puissants si vous savez comment les utiliser. En fin de compte, c'est la capacité à créer ces ressources qui fait des options de trading une forme d'investissement polyvalente et robuste.

Bien que certaines des stratégies d'options commerciales soient simples et faciles à comprendre, beaucoup d'entre elles sont compliquées et impliquent plusieurs stratégies différentes. omponents. Bien qu'il ne soit pas essentiel d'avoir une connaissance pratique de chacune des stratégies qui peuvent être utilisées, il est fort probable que vous soyez Efficace et gagnez de l'argent de manière cohérente si vous avez une bonne idée de ceux à utiliser et quand. Dans cette section, nous fournissons des informations détaillées sur les stratégies de trading les plus couramment utilisées et nous offrons également des conseils sur la façon de choisir un approprié, mais en tenant compte des facteurs pertinents.

Choisir une stratégie de négociation d'Ortions

- Stratégies haussières
- Stratégies baissières
- Stratégies pour un marché neutre
- Stratégies pour un marché volatil
- Autres stratégies de négociation d'ortions

Précisons que cette section a été conçue pour vous aider à tout savoir sur les différentes stratégies de trading qui peuvent être utilisées et comment choisir la bonne en choisissant un certain nombre de rapides. Pour tirer le meilleur parti de cette opportunité, vous devez toujours avoir une solide compréhension du sujet de la négociation d'options, du fonctionnement du marché et de ce qui est impliqué.

Choisir une stratégie de négociation d'ordonnances

Choisir la bonne stratégie au bon moment n'est pas toujours une chose facile à faire, en raison de la quantité de stratégies différentes parmi lesquelles vous devez choisir. Cependant, ceux que vous choisissez et quand détermineront finalement à quel point vous réussissez, c'est donc quelque chose que vous devez vraiment apprendre à faire. Il est possible de gagner de l'argent simplement en achetant des options en vue de les revendre plus tard avec un profit, et en effet, certains investisseurs génèrent des bénéfices. n de cette façon. L'argent réel, cependant, est généralement gagné par ceux qui savent utiliser différentes stratégies et utiliser les options appropriées dans n'importe quelle situation particulière.

L'échange d'options réussi n'est pas nécessairement juste un moyen de prévoir de quelle manière vous pensez que le prix d'un mouvement de sécurité sous-jacent, puis d'échanger le pertinent options en conséquence. Votre objectif devrait vraiment être de maximiser vos profits en fonction du montant de capital que vous avez à investir et du montant de risque que vous souhaitez prendre. Pour y parvenir, vous devez non seulement avoir une bonne compréhension des différentes stratégies que vous pouvez utiliser, mais vous devez également connaître les différents facteurs que vous devez prendre en compte lorsque vous décidez. lesquels utiliser et quand. Nous offrons des conseils détaillés sur ce sujet sur ce qui suit. Comment choisir la bonne stratégie de trading d'options :

Outil de sélection pour les stratégies de trading
L'un des défis les plus difficiles auxquels sont confrontés les commerçants lorsqu'ils entrent dans un nouveau poste est de choisir la bonne stratégie pour maximiser leur potentiel s'adapte et/ou limite leurs pertes potentielles. Le commerce des ortions est une forme d'investissement très flexible, et il est possible de profiter de plusieurs perspectives différentes ci-dessus simplement en instrument idéal pour augmenter ou diminuer le prix: tel que stable et plus encore. Cependant, pour ce faire, un commerçant doit choisir une stratégie commerciale appropriée et ce n'est pas toujours un choix évident.

Il n'est pas nécessaire de prendre la bonne décision dans une situation donnée, car les traders auront des attitudes différentes à l'égard des risques et des objectifs d'investissement individuels qui doivent être pris en considération. Il existe cependant des stratégies particulièrement adaptées à certaines perspectives. Par exemple, si vous exprimez une baisse modérée du risque sous-jacent, il y en a quelques-uns qui sont dignes de confiance pour bénéficier d'une telle expression.

Nous avons compilé cet outil de sélection simple, mais très utile, pour vous aider à choisir une stratégie de négociation d'options qui convient à toutes vos perspectives. une sécurité sous-jacente est. Vous pouvez ensuite choisir laquelle des recommandations vous convient le mieux. Sachez que ces listes ne sont en aucun cas exhaustives et qu'il peut y avoir d'autres stratégies plus adaptées à vos propres circonstances personnelles. Cet outil est uniquement conçu comme un guide pour vous donner nos conseils sur ce que nous pensons être les meilleures stratégies de trading pour toute perspective donnée.

Hausse modérée

Si vous vous attendez à une augmentation du prix d'une sécurité sous-jacente, mais que vous ne vous attendez qu'à une légère augmentation, les stratégies suivantes sont recommandées :

Bull Call Spread

- Avantage clé - Réduit les coûts initiaux par rapport au simple achat d'appels.
- Inconvénient clé - Les bénéfices sont limités si la sécurité sous-jacente augmente de manière significative.

Bull Put Spread

- Avantage clé - Peut toujours profiter si le prix du titre sous-jacent n'augmente pas.
- Inconvénient clé - Bénéfices limités si le prix de la sécurité sous-jacente augmente considérablement.

Short Put

- Avantage clé - Stratégie simple avec une seule option impliquée, donc de faibles commissions.
- Inconvénient clé - Des pertes importantes sont possibles si la sécurité sous-jacente chute de manière spectaculaire.

Hausse significative

Les stratégies suivantes sont recommandées lorsque vous exprimez la montée d'une sécurité sous-jacente pour augmenter de manière significative :

Appel long

- Avantage clé - Aucune limite au profit qui peut être réalisé.
- Inconvénient clé - Aucune protestation si la montée de la sécurité sous-jacente tombe ou ne bouge pas.

Propagation du ratio haussier court

- Avantage clé - Quelque chose si le problème de la sécurité sous-jacente tombe ou ne bouge pas.
- Inconvénient clé - Les bénéfices potentiels sont inférieurs à ceux du Long Call.

Montez à un niveau Sresifis

Si vous prédisez que la montée d'un sous-fifre atteindra un niveau spécifique, vous pouvez maximiser votre potentiel en utilisant les stratégies suivantes :

Propagation de papillon de taureau

- Avantage clé - Les pertes sont limitées si la sécurité sous-jacente ne fonctionne pas comme prévu.
- Inconvénient clé - Nécessite plusieurs traductions, de sorte que les commissions payées seront plus élevées.

Propagation de Bull Condor

- Avantage Keu - Haut potentiel de retour sur investissement.
- Inconvénient clé - Commissions plus élevées en raison de transactions multiples.

Chute modérée

Si vous prévoyez une baisse de la hausse d'un risque sous-jacent, mais qu'il s'agit d'un petit montant, les stratégies de trading suivantes sont recommandées :

Ours Put Srread

- Avantage clé - Coûts initiaux inférieurs à ceux de l'achat d'itinéraires.

- Inconvénient clé - Les bénéfices sont limités si la sécurité sous-jacente chute de manière significative.

Propagation des appels à l'ours

- Avantage clé - Peut toujours générer des bénéfices même si le titre sous-jacent ne parvient pas à se déplacer.

- Inconvénient clé - Bénéfices limités si le prix de la sécurité sous-jacente chute de manière significative.

Appel court

- Avantage clé - Produira toujours un rendement si le risque sous-jacent reste stable.

- Inconvénient clé - Les pertes sont illimitées si la sécurité sous-jacente augmente considérablement en prix.

Chute importante
Mise longue

- Avantage clé - Stratégie simple impliquant un seul métier, donc des commissions faibles.

- Inconvénient clé - Aucun problème en ce qui concerne la sécurité sous-jacente augmente ou ne parvient pas à se déplacer.

Série Short Bear Ratio

- Avantage clé - Quelque chose si la sécurité sous-jacente augmente ou ne bouge pas.

- Inconvénient clé - Bénéfices potentiels inférieurs à ceux du Long Put.

Tomber à un niveau spécifique

Si vous vous attendez à ce que le prix de la sécurité sous-jacente baisse et que vous êtes raisonnablement sûr qu'elle tombera à un niveau spécifique, alors le la stratégie suivante peut vous aider à maximiser vos profits :

Propagation de papillon d'ours

- Avantage clé - Les pertes sont limitées si le prix du titre sous-jacent n'évolue pas comme prévu.

- Inconvénient clé - Les multiples transactions requises signifient des commissions plus élevées.

Pas de déménagement

Les stratégies suivantes sont recommandées lorsque vous prévoyez que le prix d'un titre sous-jacent restera le même pendant un certain temps :

Écart court

- Avantage clé - Vous recevrez un paiement immédiat lors de l'utilisation de cette stratégie.
- Inconvénient clé - Les pertes importantes sont probables si la sécurité sous-jacente du riz bouge trop.

Court étranglement

- Avantage Keu - Peut également profiter si le prix du titre sous-jacent ne bouge pas un peu.
- Inconvénient clé - Les bénéfices sont assez limités.

Propagation de la grippe papillon

- Avantage clé - Cette stratégie a un faible coût d'utilisation.

- Inconvénient clé - La traduction multiple de cette stratégie nécessite des coûts de commission plus élevés.

Pas de mouvement ou petit mouvement dans les deux sens

Les stratégies suivantes conviennent lorsque vous pensez que le prix du titre sous-jacent restera relativement stable mais pourrait évoluer un peu dans l'une ou l'autre direction.

Boyau court

- Avantage clé - Peut profiter de trois circonstances ; prix stable, petite augmentation ou petite baisse.
- Inconvénient clé - Il y a la possibilité de grosses pertes dues à de gros mouvements de prix.

Condor s'est propagé

- Avantage clé - Les pertes potentielles sont limitées.
- Inconvénient clé - Les bénéfices potentiels sont inférieurs à des stratégies comparables.

Albâtre

- Avantage clé - Peut bénéficier d'une plus large gamme de mouvements de prix que d'autres stratégies similaires.

- Inconvénient clé - Les bénéfices potentiels sont limités.

Stable à court terme avec une cassure à long terme

Si vous pensez que le prix d'une valeur sous-jacente restera relativement stable à court terme mais que cela évoluera dans l'un ou l'autre sens à plus long terme, la stratégie suivante sont recommandés :

Étranglement du calendrier

- Avantage Keu - Les pertes potentielles sont limitées.

- Inconvénient clé - Plusieurs transactions signifient plus de commissions payées.

Chevauchement du calendrier

- Avantage clé - Position flexible qui peut facilement être ajustée si vos perspectives changent.

- Inconvénient clé - Frais de commission plus élevés en raison du nombre de transactions impliquées.

Stable à court terme avec une augmentation à long terme

Dans les circonstances où vous exprimez la montée d'un titre sous-jacent comme étant assez stagnante à court terme, mais qui augmente ensuite à plus long terme, la stratégie suivante mérite d'être prise en considération :

Série d'appels du calendrier

- Avantage clé - Les pertes potentielles sont limitées.

- Inconvénient clé - Il y a un risque que vos appels soient attribués.

Stable à court terme avec une baisse à long terme

Si vous pensez que le prix d'un titre sous-jacent ne bougera pas beaucoup à court terme mais commencera à baisser à long terme, la stratégie suivante est recommandée :

Calendrier étalé

- Avantage clé - Limite aux pertes potentielles.
- Inconvénients clés - Vos options de vente peuvent être attribuées si le prix baisse plus tôt que prévu.

Stable mais une augmentation possible
Lorsque vous pensez que le prix d'un titre sous-jacent n'est pas susceptible de bouger, mais qu'il peut éventuellement augmenter et que vous souhaitez couvrir les deux résultats, la stratégie suivante s'impose. est recommandé :

Appel couvert

- Avantage clé - Peut profiter d'un prix restant stable et d'un prix en hausse.
- Inconvénient clé - Les avantages potentiels sont limités.

Stable mais une chute possible
La stratégie suivante est appropriée si vous vous attendez à ce que la sécurité sous-jacente reste stable, mais pensez qu'elle pourrait tomber en panne :

Put couvert

- Avantage clé - Peut profiter d'un prix qui reste stable et d'une hausse en baisse.
- Inconvénient clé - Bénéfices limités à réaliser.

Moment significatif dans les deux sens
Si vous pensez qu'une sécurité sous-jacente est volatile et susceptible d'évoluer de manière significative, mais que vous ne savez pas dans quelle direction, les stratégies suivantes vous conviennent voir :

Écart long

- Avantage clé - Les bénéfices sont potentiellement illimités.
- Inconvénient clé - Encourra des pertes si la sécurité sous-jacente ne parvient pas à bouger de manière significative.

Long étranglement

- Deux avantages - Moins cher que le Long Straddle.

- Inconvénient clé - Nécessite un mouvement de prix plus élevé que le Long Straddle.

Long intestin

- Avantage clé - Les pertes potentielles maximales sont inférieures à celles du Long Straddle ou du Long Strangle.
- Inconvénient clé - Coûts initiaux plus élevés que le Long Straddle ou Long Strangle.

Court Papillon Série

- Avantage clé - Peut bénéficier de mouvements de prix inférieurs à ceux du Long Straddle ou du Long Strangle.
- Inconvénient clé - Les avantages potentiels sont limités.

Mouvement significatif dans les deux sens, mais augmentation plus probable

Les stratégies suivantes sont de bons choix lorsque vous pensez que le prix d'un titre sous-jacent est volatil et pensez qu'une augmentation significative est plus probable qu'une chute importante :

Strap Straddle

- Avantage clé - Plus de bénéfices que le Long Straddle si le prix du titre sous-jacent augmente.
- Inconvénient clé - Pertes potentielles plus élevées que le Long Straddle.

Sangle Étrangler

- Avantage clé - Coûts initiaux inférieurs à ceux du Strap Straddle.
- Inconvénient clé - Nécessite un mouvement de prix supérieur à celui du Strar Straddle pour être rentable.

Ratio d'appel Baskrread

- Avantage clé - Aucun logiciel frontal requis.
- Inconvénients clés - Vous avez besoin d'un niveau de négociation élevé avec votre courtier d'options.

Déplacement significatif dans l'une ou l'autre direction mais chute plus probable

Si vous pensez que le prix d'un titre sous-jacent est volatil, pensez qu'une baisse significative est plus probable qu'une hausse significative, alors les stratégies suivantes sont recommandées :

Chevauchement de bande

- Avantage Keu - Des rendements plus importants que le Long Straddle si le titre sous-jacent baisse de prix.
- Inconvénient clé - Les pertes potentielles sont plus élevées que le Long Straddle.

Étranglement de rue

- Avantage clé - Les coûts initiaux sont inférieurs à ceux du Street Straddle.
- Inconvénient clé - Un plus grand mouvement de prix est nécessaire pour un retour somraré au Strir Straddle.

Mettez le rapport Baskspead

- Key Адвантаге - Aucun coût initial n'est requis.
- Inconvénient clé - Votre courtier peut exiger que vous ayez un niveau de négociation élevé pour cette stratégie.

Stratégies haussières

Ce sont des spreads d'options qui sont utilisés pour générer des bénéfices lorsque le prix d'un titre sous-jacent augmente. Pour cette raison, vous les utiliseriez si vous anticipiez un mouvement à la hausse du prix d'un instrument financier.

Stratégies baissières

Ce sont essentiellement le contraire des stratégies haussières. Ils sont utilisés pour profiter d'une baisse du prix d'un titre sous-jacent, il est donc généralement conseillé de les utiliser si vous vous attendez à ed de voir le prix d'un instrument financier chuter.

Stratégies pour un marché neutre

L'un des plus grands avantages du trading d'options est qu'il est possible de gagner de l'argent lorsque la devise sous-jacente ne bouge pas du tout. Lorsque le marché est relativement neutre, ce qui signifie qu'il n'y a pas beaucoup de mouvement de prix, les négociants en valeurs mobilières et les autres investisseurs peuvent trouver cela très différent difficile de trouver la bonne solution pour les problèmes généraux. Cependant, il existe certaines stratégies que les commerçants d'options peuvent utiliser dans de telles circonstances.

Stratégies pour le marché volatil

Un marché volatil, c'est quand il y a beaucoup de mouvement de prix, mais il n'y a aucun moyen évident de prédire dans quelle direction les prix vont évoluer. Lorsque le marché boursier est volatil, par exemple, les cours des actions ont tendance à fluctuer considérablement, mais il n'y a pas de direction claire pour le marché dans son ensemble. Les actions individuelles peuvent souvent monter et descendre en peu de temps. Ces circonstances peuvent rendre difficile pour les négociants en bourse de gagner de l'argent et les métiers ont tendance à impliquer beaucoup de risques. Cependant, il existe des stratégies de trading qui peuvent être utilisées pour générer des bénéfices lorsque le marché, ou un instrument financier spécifique, est volatil.

Comment échangez-vous des ordonnances ?

Les contrats d'ortion sont évalués en fonction de la probabilité qu'un événement se produise. Si une action vous convient, il en va de même pour la valeur d'un contrat d'attribution qui permet à un investisseur d'acheter cette action à un prix initial fixé. La valeur est également déterminée par le timing : plus il y a de temps pour qu'un prix bouge, plus les options qui permettent à un investisseur de bénéficier de ce mouvement sont précieuses. (Un contrat de quatre mois aurait plus de valeur qu'un contrat d'un mois, par exemple). La volatilité rend également une option plus précieuse. De grandes variations dans le prix d'une sensation sous-jacente signifient qu'il y a plus de chance que le prix oscille assez haut ou assez bas pour un orti ns commerçant pour gagner de l'argent en négociant en fonction de leur contraste. Les investisseurs professionnels utilisent des formules mathématiques compliquées pour capturer toutes ces dynamiques et attribuer une valeur unique aux ortitions. Il est tellement compliqué que les économistes qui ont conçu un modèle de tarification des ordonnances régulières ont remporté le prix Nobel pour leur travail.

Voici un exemple de la façon dont fonctionne le trading d'options de James Angel, un professeur de finances à l'Université de Georgetown : disons que vous cherchez des options pour un stock qui est de 100 $. Supposons maintenant que vous obteniez une option d'achat de six mois avec un prix d'exercice de 100 $. L'appel pourrait coûter environ 10 $. Avec 100 $, vous pouvez acheter un appel sur 10 actions. Si le stock montait à 110 $, la valeur de l'appel pourrait passer de 10 $ à 16 $. Votre bénéfice total serait d'environ 60 $ (un rendement de 60 % sur ce montant initial de 100 $).

Cependant, si vous avez acheté une option avec une date d'expiration dans une semaine, l'option pourrait ne coûter que 2 $. Vous pourriez acheter une option sur 50 actions avec vos 100 $ et - si le stock allait à 110 $, l'option pourrait aller jusqu'à 10 $ et votre mise irait à 500 $ pour un rendement de 400 %. Pendant ce temps, si vous venez d'acheter le stock et non l'option, vous ne ferez qu'un retour de 10%. Mais si vous aviez acheté l'option et qu'elle n'était jamais "dans l'argent" (vous ne pouviez pas l'exercer), vous perdriez vos 100 $. Un propriétaire d'actions, cependant, aurait toujours le stock, qui pourrait se vendre pour beaucoup moins de 100 $.

Conclusion

Les options et les marchés futurs de Todau sont nés il y a des siècles. Cela peut surprendre certains investisseurs, qui pensaient que les contrats à terme sur actions et les ordonnances étaient le seul domaine des courtiers en électricité de Wall Street. Le Chicago Board Options Exchange (CBOE) - le plus grand marché d'options sur actions - a évolué à partir des premiers pionniers du marché comme Jesse Livermore. Les premiers marchés à terme ont été créés par des samouraïs japonais qui espéraient accaparer les marchés du riz, tandis que les actions remontent au commerce des olives dans la Grèce antique. Bien que ces instruments soient apparus il y a des centaines d'années dans un monde très différent du nôtre, leur utilisation continue et leur fidélité sont un test de leur utilité en cours.

De nos jours, les investisseurs peuvent échanger des actions via des courtiers typiques comme Vanguard et Fidelity, ainsi que des contrats sans commission. à des formes comme Robinhood et Stash. Cependant, les investisseurs doivent être autorisés à négocier des actions par le courtage et disposer de suffisamment de capital pour le faire. Les arguments en faveur du commerce ont tendance à poser des questions sur votre situation financière et votre expérience d'investissement. Les investisseurs peuvent facilement s'adapter à différents niveaux de négociation, et chaque niveau implique une divulgation plus rigoureuse des informations financières et commerciales connues. e à mesure que les stratégies deviennent plus complexes. Par exemple, chez Fidelitu, un investisseur de niveau un peut vendre des appels couverts, mais ce n'est qu'au niveau deux qu'il peut acheter des appels et des ortitions. (Une vente "couverte" signifie que le vendeur possède l'actif contre lequel l'appel est vendu. Pour les investisseurs en actions, cela peut être un moyen d'utiliser votre portefeuille pour générer des liquidités supplémentaires sur un marché plat s. Mais si les prix des actions augmentent, vous risquez de devoir et votre main à l'acheteur de la vente.)

Certains courtiers exerceront automatiquement une action à une date d'expiration si c'est dans la monnaie. Une option d'achat est dans la monnaie si le trader peut acheter un titre en dessous de sa valeur marchande actuelle, tandis qu'une option de vente est dans la monnaie si le trader peut vendre le titre au-dessus de sa valeur marchande actuelle. Lors de l'achat ou de la vente d'options, vous devez choisir la nature de la transaction, le prix d'exercice et le délai. Il existe différentes stratégies commerciales. Vous devriez acheter une option d'achat ou vendre une option de vente si vous prédisez que le cours de l'action augmentera. Vous devriez acheter une option de vente ou vendre un appel si vous pensez que le cours de l'action va baisser. Pour une action dont vous pensez que le prix restera stable, vendez une option d'achat ou d'ornière. N'oubliez pas : plus la durée d'un contrat d'achat est longue, moins il y a de risque pour l'acheteur.